JESUS MILITANTE

Dados Internacionais de Catalogação na Publicação (CIP)
(Câmara Brasileira do Livro, SP, Brasil)

Frei Betto
Jesus militante : Evangelho e projeto político do Reino de Deus / Frei Betto. – Petrópolis, RJ : Vozes, 2022.

3ª reimpressão, 2023.

ISBN 978-65-5713-572-3

1. Bíblia (Literatura) 2. Cristianismo 3. Jesus Cristo 4. Teologia da Libertação I. Título.

22-102872 CDD-261.8

Índices para catálogo sistemático:
1. Teologia da Libertação : Cristianismo   261.8

Maria Alice Ferreira – Bibliotecária – CRB-8/7964

Frei Betto

JESUS MILITANTE

EVANGELHO
E PROJETO POLÍTICO DO
Reino de Deus

EDITORA VOZES

Petrópolis

© Frei Betto, 2022
Agente literária: Maria Helena Guimarães Pereira
mhgpal@gmail.com

Direitos de publicação em língua portuguesa:
2022, Editora Vozes Ltda.
Rua Frei Luís, 100
25689-900 Petrópolis, RJ
www.vozes.com.br
Brasil

Todos os direitos reservados. Nenhuma parte desta obra poderá ser reproduzida ou transmitida por qualquer forma e/ou quaisquer meios (eletrônico ou mecânico, incluindo fotocópia e gravação) ou arquivada em qualquer sistema ou banco de dados sem permissão escrita da editora.

CONSELHO EDITORIAL

Diretor
Gilberto Gonçalves Garcia

Editores
Aline dos Santos Carneiro
Edrian Josué Pasini
Marilac Loraine Oleniki
Welder Lanciere Marchini

Conselheiros
Elói Dionísio Piva
Francisco Morás
Ludovico Garmus
Teobaldo Heidemann
Volney J. Berkenbrock

Secretário executivo
Leonardo A.R.T. dos Santos

Preparação dos originais: Maria Helena Guimarães Pereira
Editoração: Elaine Mayworm
Diagramação: Raquel Nascimento
Revisão gráfica: Alessandra Karl
Capa: Érico Lebedenco

ISBN 978-65-5713-572-3

Este livro foi composto e impresso pela Editora Vozes Ltda.

Para Carlos Mesters

"Ele é a imagem do Deus invisível"
(*Carta aos Colossenses* 1,15).

Sumário

Siglas, 8

Introdução, 9

Capítulo 1, 15

Capítulo 2, 39

Capítulo 3, 47

Capítulo 4, 53

Capítulo 5, 59

Capítulo 6, 68

Capítulo 7, 83

Capítulo 8, 89

Capítulo 9, 97

Capítulo 10, 107

Capítulo 11, 119

Capítulo 12, 130

Capítulo 13, 141

Capítulo 14, 149

Capítulo 15, 164

Capítulo 16, 176

Referências, 183

Obras do autor, 185

Siglas

a.C. – Antes de Cristo

art. cit. – Artigo citado

Cf. – Conferir

d.C. – Depois de Cristo

EUA – Estados Unidos da América

MST – Movimento dos Trabalhadores Rurais sem Terra

n. – nota (ao pé de página)

ONG – Organização Não Governamental

Op. cit. – Obra citada

p. – página

pp. – páginas

Introdução

Demorei muito para me familiarizar com a Bíblia. Em minha infância e adolescência, a Igreja Católica não mantinha cursos bíblicos para leigos, ao contrário das protestantes. Para mim, Evangelho era um texto enigmático que os sacerdotes liam durante a missa, antes de proferirem sermões recheados de moralismo.

Foi a partir dos 13 anos, quando ingressei na JEC (Juventude Estudantil Católica) de Belo Horizonte, que me aproximei dos evangelhos, graças ao incentivo dos frades dominicanos. Muitos militantes da Ação Católica tinham o costume de trazer no bolso da camisa o pequeno exemplar (menor do que um maço de cigarros), em francês, dos evangelhos da edição da *Bíblia de Jerusalém*.

Mais tarde, já frade dominicano, estudei exegese bíblica orientado por Ana Flora Anderson e frei Gilberto Gorgulho. Porém, foi o exegeta carmelita frei Carlos Mesters quem melhor me ensinou a ler o texto bíblico dentro do contexto e apreendê-lo como luz que vem do passado para iluminar o presente e sinalizar o futuro. Seus *Círculos Bíblicos* desclericalizaram a leitura da Bíblia e puseram a Palavra de Deus ao alcance das Comunidades Eclesiais de Base e dos movimentos pastorais populares.

*

Ninguém é mais controverso na história humana do que Jesus de Nazaré. Nele se apoiam os fundamentalistas cristãos dos EUA, que defendem a índole imperialista da Casa Branca, e os militantes das Comunidades Eclesiais de Base da América Latina, de cuja prática brotou a Teologia da Libertação. Jesus é evocado por pastores neopentecostais que atribuem ao diabo mais poder do que a Deus, e por sacerdotes católicos que, em nome dele, condenam o capitalismo como intrinsecamente injusto.

Qual a verdadeira face de Jesus?

Não tenho a pretensão de responder decisivamente. Tento espelhar, nessas páginas, *a minha visão de Jesus*, consubstanciada em minha fé e que inspira, há mais de seis décadas, minha atividade de militante social, pastoral e político. Para aprofundar a minha fé em Cristo, aprendi a buscar o Jesus histórico. Quanto mais me aproximo da vida real e do contexto daquele galileu crucificado em Jerusalém no ano 30, mais me convenço da pertinência desta afirmação lapidar de Leonardo Boff: "Humano assim como Ele foi só poderia ser Deus mesmo". E comungo esta profissão de fé de Dostoiévski: "Ainda que me provassem que Cristo não está com a verdade, eu preferiria Cristo à verdade".

Acredito que Jesus não veio tentar convencer o povo de Israel de que Javé haveria de restaurar o reino de Davi[1]. Não veio reforçar o poder dos escribas e das instituições religiosas, como o Templo de Jerusalém[2]. Não veio pedir ao povo para dar ouvidos aos fariseus e observar as leis da pureza prescritas por Moisés. Não veio amaldiçoar as prostitutas nem tratar as mulheres como seres de segunda classe, como induzia a cultura machista de seu tempo. Não veio abrir as portas do inferno aos pecadores e legitimar a riqueza como bênção de Deus.

Jesus veio manifestar a gratuidade do amor e do perdão de Deus. Veio incluir os excluídos, abençoar os amaldiçoados, dar

---

1. Davi reinou sobre o reino unificado de Israel de 1003 a.C. a 970 a.C.

2. O Templo de Jerusalém ocupava 144.000m² e era cinco vezes maior do que a Acrópole de Atenas. Sua reconstrução ainda não havia sido terminada no tempo de Jesus.

vida onde havia sinais de morte, desmistificar o direito de propriedade e valorizar a socialização dos bens gerados pela natureza e produzidos pelo trabalho humano. Veio nos propor um novo projeto de sociedade, ao qual denominava Reino de Deus (em oposição ao reino de César), baseado em dois pilares: nas relações pessoais, o amor; nas relações sociais, a partilha dos bens da Terra e dos frutos do trabalho humano.

Dos quatro evangelhos, o primeiro a ser escrito foi o de Marcos, embora o de Mateus ocupe o primeiro lugar na sequência dos textos evangélicos contidos no Novo Testamento. Tudo indica que Marcos, cujo nome completo era João Marcos, redigiu seu relato em grego, mesclado com expressões aramaicas – sua língua natal, e também de Jesus[3] – e latinas, entre o fim dos anos 60 e o início dos anos 70 no século I[4]. Vale lembrar que a cultura palestinense guardava fortes conotações helenísticas, em especial na parte Norte, onde fica a Galileia, já que a região esteve sob domínio da Grécia de Alexandre Magno entre os anos 333 e 301 a.C. Jesus viveu ali sob dominação dos romanos, que falavam latim.

Portanto, quando Marcos redigiu sua narrativa já haviam ocorrido os martírios de Pedro e Paulo por decreto do imperador Nero, entre os anos 64 e 67, e se iniciado o massacre da população da Judeia pelas tropas romanas, entre os anos 66 e 70. Contudo, o Templo de Jerusalém ainda não tinha sido destruído pelo general romano Tito, filho do imperador Vespasiano, o que veio a acontecer no ano 70. Mas em 66 já tivera início a revolta

---

3. "Jesus foi um galileu de ambiente rural que ensinava as pessoas em sua língua materna, o aramaico; conhecia provavelmente o hebraico bíblico suficientemente para entender e citar as Escrituras; talvez soubesse um pouco de grego, mas desconhecia latim" (PAGOLA, J.A. *Jesus – Aproximação histórica*. 6. ed. Petrópolis: Vozes, 2013, p. 56).

4. "Marcos era fiel intérprete da prática e da visão de Jesus. [...] 'Ler' Marcos equivale a 'ler' Jesus" (MYERS, C. *O Evangelho de São Marcos*. São Paulo: Paulinas, 1992, p. 523).

do povo judeu contra a dominação romana e sua aliada, a nobreza sacerdotal judaica, o que provocou sucessivos motins e massacres. Portanto, é preciso ler Marcos atento ao fato de ele escrever para comunidades cristãs que viviam sob forte tensão, perseguidas pelo Império Romano, desprezadas pelas autoridades judaicas e repletas de questionamentos sobre a nova fé.

Importante característica do *Evangelho de Marcos* é seu caráter popular. É um *texto escrito para o povo e sobre o povo*. A palavra "multidão", como sinônimo de povo, aparece inúmeras vezes. E por que Marcos decidiu escrever o relato da militância de Jesus se os potenciais leitores eram, em maioria, analfabetos, e estavam acostumados à cultura oral, inclusive sabiam de memória longos textos do Primeiro Testamento? Nas comunidades da Igreja primitiva se transmitia por via oral o que Jesus havia dito ou feito. Com o tempo surgiram versões fantasiosas – como o comprovam alguns evangelhos apócrifos –, ou deturpadas, para favorecer interesses do pregador. Marcos quis justamente evitar esses equívocos e oferecer à comunidade cristã, e também aos pagãos, uma versão fidedigna, confiante do que ouvira da boca dos próprios apóstolos e, em especial, de Pedro.

Segundo Myers[5], "Marcos não pretende ser biógrafo de Jesus: ele nada nos apresenta sobre o nascimento, a infância ou a vida adulta antes de seu abrupto aparecimento no Rio Jordão".

A preocupação do autor foi *ressaltar a atuação libertadora de Jesus* dentro de uma sociedade em que mais de 90% da população sofriam doença, pobreza e exploração[6]. Ao assumir as dores daquele povo, Jesus se chocou com as autoridades político-religiosas judaicas e com o poder imperial romano, que

---

5. Op. cit., p. 141.

6. "Na Galileia dos anos 30 abundam mendigos, vagabundos, bandoleiros e outras pessoas sem domicílio fixo" (PAGOLA. Op. cit., p. 337, n. 47).

dominava a Palestina do século I. Por isso, trata-se de um relato religioso de profundo alcance político. Em resumo, um *Evangelho militante*.

Marcos coletou a tradição oral a respeito de Jesus e redigiu o seu relato em Roma, mais de trinta anos após a ressurreição. O texto reflete o trabalho evangelizador de Pedro, de quem Marcos era discípulo, junto às primeiras comunidades cristãs[7]. Os pagãos eram o público-alvo; ou seja, a população devota do paganismo, a religião predominante no Império Romano, entre a qual Marcos vivia.

O que há de original no *Evangelho de Marcos* é o fato de ser uma narrativa *pela ótica dos vencidos*. Expressa situações de conflito, tensão permanente entre um movimento de base popular, liderado por Jesus, e as autoridades político-religiosas da Palestina do século I[8]. Portanto, é um texto muito atual para cristãos que, na periferia do mundo desenvolvido, como a América Latina, fazem opção por defender os direitos dos oprimidos e lutam movidos pela utopia de uma nova sociedade, na qual a paz seja fruto da justiça.

Não se sabe nada de muito preciso sobre a identidade de Marcos. Apenas que estava convicto de que Jesus era a manifestação de Deus entre nós; conhecia bem o Primeiro ou Antigo Testamento, que cita com frequência, principalmente o profeta Isaías;

---

7. Em sua primeira carta – incluída no Novo Testamento – Pedro escreveu ao final: "Marcos, meu filho, também manda saudações" (5,13). Filho significando discípulo, com quem tinha profunda ligação espiritual. Marcos atuou também junto de Paulo e Barnabé (cf. *Atos dos Apóstolos* 12,25; 13,13; 15,37-38). Marcos era primo de Barnabé (*Colossenses* 4,10). Vale observar que no texto original de Marcos a palavra grega utilizada para designar discípulo é *mathete*, que significa literalmente "alguém que aprende com a prática".

8. Calcula-se que, na época de Jesus, a Palestina era habitada por 2 milhões de pessoas. Os judeus da diáspora – ou seja, que viviam fora da Palestina – somavam o dobro: 4 milhões.

e tinha como língua materna o aramaico, pois o grego que utiliza no relato contém muitas imprecisões.

Os evangelhos de Mateus e Lucas têm por base o de Marcos.

*

Nessas páginas, analiso e contextualizo capítulo por capítulo do relato de Marcos, escrito há mais de dois mil anos, associando-o à nossa realidade na América Latina. Meu objetivo é tornar o texto – que, para nós cristãos, é Palavra de Deus – acessível à militância engajada na defesa da vida e dos direitos dos pobres, e na luta por uma sociedade na qual todos e todas partilhem os bens da Terra e os frutos do trabalho humano.

Sugiro que leitores e leitoras tenham ao seu alcance um exemplar da Bíblia, de modo a consultar os textos citados, em especial os livros do Primeiro Testamento.

Na elaboração deste trabalho utilizei a *Bíblia Sagrada – Edição pastoral* (São Paulo: Sociedade Bíblica Católica Internacional/ Paulus [4. impr., 1995]). Dela transcrevi o *Evangelho de Marcos*, com liberdade de aprimorar a sintaxe da tradução do grego para o português, sem, no entanto, enumerar os versículos.

Boa leitura!

Capítulo 1

Princípio do Evangelho proclamado por Jesus Cristo, Filho de Deus. Está escrito no Livro do profeta Isaías: "Eis que envio o meu mensageiro na sua frente: ele preparará o seu caminho. Uma voz clama no deserto: Preparem o caminho do Senhor, endireitem as suas veredas" (Êxodo 23,20; Malaquias 3,1; Isaías 40,3).

Na Antiguidade, empregava-se com frequência, em literatura e artes visuais, o recurso chamado *díptico*. Consiste em associar uma pessoa do presente a outra pessoa importante do passado. Exemplo é a pintura que se encontra na National Gallery, em Londres, onde o rei Ricardo II, da Inglaterra, é apresentado à Virgem Maria por São João Batista, Santo Eduardo e Santo Edmundo. Tal recurso visava a "consagrar" o rei, reforçar suas credenciais como amigo e protegido de pessoas veneráveis, e culmina com a acolhida de Maria.

Marcos utiliza esse recurso em seu relato evangélico. Tudo indica que ele não tinha um exemplar do Primeiro Testamento, mas sim uma coletânea de muitos textos. Por isso, aplica a Jesus (nome que significa "Deus salva") referências extraídas de inúmeros livros do Primeiro Testamento, em especial *Êxodo, Malaquias* e *Isaías*. Em outras palavras, ao citar as Escrituras antigas, ele projeta luz sobre a sua narrativa a respeito de Jesus e realça o encadeamento dos fatos na manifestação de Deus na história humana. Os textos do Primeiro Testamento são utilizados por ele como lanterna que traz luzes do passado para iluminar a prática e a palavra de Jesus.

A palavra *Evangelho* vem do grego e significa "Boa-nova" ou "boa notícia". Marcos, como os demais evangelistas, era dissidente do judaísmo. Para se precaver, baseou sua narrativa nos livros do Primeiro Testamento aceitos por judeus e cristãos. Ao citar os profetas Malaquias e Isaías, quis frisar que os fatos ocorridos com Jesus já estavam previstos há séculos. Nos primeiros versículos do seu relato, procura ressaltar que *Jesus é o Filho de Deus que veio nos trazer uma boa notícia,* uma grande novidade. E acrescenta que um mensageiro (João Batista) foi enviado para preparar o caminho para Jesus.

No Primeiro Testamento, muitos personagens são chamados "filho de Deus" (*Livro da Sabedoria* 2,18). Não tinham natureza divina, mas mantinham relação especial com Deus. Alguns imperadores e reis se referiam a si mesmos como "filho de Deus". O filósofo estoico Epicteto qualificou todas as pessoas virtuosas de "filhos de Deus".

Isaías tomou a expressão "preparar o caminho" do antigo costume de os reis orientais, ao visitar uma província, enviarem antes precursores que mobilizavam o povo para acolher o monarca e cuidar de melhorar as estradas por onde passaria a caravana real.

> *João Batista apareceu no deserto onde pregava um batismo de conversão para o perdão dos pecados. Iam ao seu encontro pessoas de toda a Judeia, inclusive de Jerusalém. Confessavam os pecados e eram batizadas por ele no Rio Jordão.*

João havia suscitado um grande movimento popular. Seu modo de viver a Palavra de Deus era diferente da maneira esclerosada e ritualística proposta pelos sacerdotes de Jerusalém. E era chamado de Batista porque batizava. Na Antiguidade, as pessoas não eram conhecidas por sobrenome de família, e sim por seus ofícios (ferreiro, pastor etc.) ou lugar de origem (Jesus de Nazaré, Francisco de Assis, Tomás de Aquino etc.).

João era filho do sacerdote Zacarias e de Isabel, prima de Maria, mãe de Jesus. Portanto, João e Jesus eram primos.

João não quis seguir a carreira do pai como sacerdote judeu no Templo de Jerusalém. Há indícios de que preferiu ser monge e, assim, teria ingressado no mosteiro de Qumran, uma comunidade utópica integrada pelos monges essênios e situada junto ao Mar Morto, onde desemboca o Rio Jordão. Estive lá em 1997. A lagoa tem esse nome de Mar Morto porque sua água possui alta densidade de sal, o que impede qualquer forma de vida marítima. Mesmo quem não sabe nadar jamais se afoga ali, pois a água se parece a um colchão que impede o corpo de afundar.

No tempo de Jesus, a religião judaica comportava diversos segmentos, como acontece hoje no Cristianismo (católicos, luteranos, presbiterianos, metodistas etc.). As autoridades religiosas mais citadas nos evangelhos são os sumos sacerdotes (elite político-religiosa); os escribas ou doutores da Lei (os teólogos judeus, fariseus instruídos)[9]; os fariseus (mais populares e muito apegados à lei ou Código das Leis da Pureza do Primeiro Testamento); os saduceus (em geral, anciãos de famílias poderosas); e os essênios, seita fundamentalista judaica fundada dois séculos antes de Cristo.

As Leis da Pureza estão contidas na Torá[10] ou Pentateuco, os cinco primeiros livros da Bíblia (*Gênesis, Êxodo, Levítico, Números e Deuteronômio*). Da época do cativeiro na Babilônia até a de Jesus foram mais de 500 anos de observação das Leis da Pureza por parte dos judeus. Um exemplo: jamais podiam se sentar à

---

9. Em grego, no texto original de Marcos: *grammateus*, aqueles que sabem como escrever. A palavra fariseu significa *separado*, que não se mistura.

10. Torá significa ensinamento ou instrução.

mesa com os pagãos (qualificação para todos que não eram judeus). As autoridades religiosas de Jerusalém defendiam que a salvação das pessoas e a libertação de Israel da dominação estrangeira dependiam da estrita observação daquelas leis. E os doutores da Lei eram os teólogos responsáveis por interpretar e divulgar tais leis. As mais rigorosas formavam o Código da Pureza.

Para Jesus, o mundo não se dividia entre "puros" e "impuros", e *sim entre justos e injustos*. Isso foi um dos principais motivos de conflito com as autoridades político-religiosas de seu tempo.

No Mosteiro de Qumran os essênios viviam como ascetas, obedeciam a uma rígida disciplina e se dedicavam a estudar a Torá. A motivação deles era se tornar um povo à parte, separado daquela sociedade corrompida. Possivelmente João não se adaptou ao tradicionalismo dos essênios e, tendo largado a vida monástica, optou por ser pregador ambulante às margens do Rio Jordão, provavelmente inspirado no profeta Elias, que também se retirou para o deserto (*Primeiro Livro dos Reis 19*). Assim, João deslocou a religião do centro (Jerusalém, onde ficava o suntuoso Templo) para a periferia; da classe sacerdotal para o povo simples.

> *João se vestia de pelo de camelo, trazia um cinto de couro em volta do ventre, e se alimentava de gafanhotos e mel silvestre. Ele proclamava: "Depois de mim virá outro mais poderoso do que eu, diante do qual não sou digno de me curvar para desatar-lhe as correias das sandálias. Eu batizo vocês com água; Ele, porém, batizará no Espírito Santo".*

A descrição que Marcos faz de João comprova se tratar de um asceta. Por que essa preocupação de Marcos ao descrever detalhes dos hábitos e do vestuário de João? Seria apenas um bom recurso literário se houvesse paralelo com outros personagens da narrativa. Mas em nenhum momento o autor descreve o vestuário de Jesus ou de seus discípulos. Portanto, Marcos pretendeu fazer uma evidente associação (*díptico*) entre João e o profeta Elias, que se "vestia com roupas de pelos e usava um cinto de couro" (*Segundo Livro dos Reis* 1,8). Esse paralelo ou *migração de sentido* imprime legitimidade à vocação profética de João.

João é chamado de Precursor porque não anunciava a si mesmo, e sim outro que viria depois dele e teria mais poder, o Messias tão esperado pelos judeus, ansiosos por ver Israel libertado da dominação estrangeira. E o batismo que Ele introduzirá não será mais um ritual simbolizado pela água. Significará que o batizando receberá, de fato, o Espírito de Deus.

> *Ora, naqueles dias Jesus veio de Nazaré, da Galileia, e foi batizado por João no Jordão. No momento em que Jesus saía da água, João viu os céus se abrirem e descer o Espírito Santo em forma de pomba sobre Jesus. E escutou dos céus uma voz: "Eis o meu Filho muito amado, em quem ponho o meu afeto".*

Por serem aves muito baratas, os pombos eram utilizados nos sacrifícios oferecidos no Templo de Jerusalém. Enquanto os ricos ofereciam touros e bois, os pobres não tinham recursos senão para ofertar pombos e outros pássaros menores. É emblemático que Deus tenha manifestado seu afeto a Jesus por meio de uma pomba.

Essa experiência de Deus impactou a vida de Jesus. A partir daquele momento, nunca mais foi o mesmo. Como observa Pagola, "Ele não permanece por muito tempo junto ao Batista. Também não retorna a seu trabalho de artesão na aldeia de Nazaré. Movido por um impulso interior irrefreável, começa a percorrer os caminhos da Galileia anunciando a todos a irrupção do Reino de Deus"[11].

---

11. Op. cit., p. 370.

E logo o Espírito Santo o conduziu ao deserto. Ali Jesus permaneceu 40 dias. Foi tentado pelo demônio e conviveu com animais selvagens. E os anjos o serviram.

A fama de João como um homem que batizava deve ter se espalhado logo. E seu primo Jesus, que vivia em Nazaré, na Galileia, também decidiu se tornar seu discípulo e, assim, se deixar batizar por ele. Isso no ano 28. Jesus tinha então 32 ou 33 anos, e preferiu a comunidade alternativa de João ao culto oficial do Templo de Jerusalém[12]. Portanto, Deus entrou na história humana pela porta dos fundos...

Jesus chegou à beira do Jordão como um anônimo. Enquanto Mateus e Lucas, em seus relatos evangélicos, introduzem Jesus precedido de substancial genealogia, e João o reveste de consistente discurso teológico, Marcos prefere focar a militância de Jesus e registrar que o Messias veio como um homem qualquer, veio "de Nazaré", pequena localidade jamais citada em todo o Primeiro Testamento ou em qualquer documento antigo[13].

No rito batismal, a pessoa ficava nua e se curvava no rio até a água cobrir-lhe a cabeça. E logo se erguia. Foi nesse momento que João teve a confirmação de que Jesus era o Filho de Deus: ouviu a manifestação afetuosa do Pai pelo Filho. Viveu uma profunda experiência de Deus. Um Deus pai amoroso, que acolheu Jesus como filho, e não um deus castigador, juiz implacável, que

---

12. Jesus nasceu cinco ou seis anos antes da nossa era. O calendário da Era Cristã foi elaborado no século VI pelo Monge Dionísio Pequeno, que o calculou errado com essa margem de anos. Assim, ao ser assassinado, Jesus não tinha 33 anos de idade, e sim 38 ou 39.

13. "Jesus nasceu provavelmente em Nazaré. Só os evangelhos de Mateus e de Lucas nos falam do nascimento em Belém; fazem-no certamente por razões teológicas, como cumprimento das palavras de Miqueias (5,1), um profeta do século VIII a.C. [...] De resto, todas as fontes dizem que Ele provém de Nazaré" (*Marcos* 1,9; *Mateus* 21,11; *João* 1,45-46; *Atos dos Apóstolos* 10,38). PAGOLA. Op. cit., p. 61, n. 2.

abre as portas do inferno a quem não segue à risca suas leis. Esta manifestação impregnou Jesus da consciência de que Deus lhe reservava uma missão especial.

Desde o ano 63 a.c., o Império Romano dominava a Palestina. O general Pompeu pôs fim ao período de 80 anos no qual os judeus viveram como povo independente, graças à rebelião dos macabeus[14]. Como faz hoje o império estadunidense, Roma contava com a cumplicidade da aristocracia nativa da nação subjugada para manter a Palestina sob controle.

Antes de Jesus nascer, a figura de maior destaque naquela região era a do rei Herodes, o Grande. Teve dez esposas, entre elas a famosa Cleópatra, amante do general romano Marco Antônio que, a pedido dela, nomeou Herodes tetrarca[15] da Galileia e Samaria, no ano 41 a.c. Após a morte de Herodes, em 4 a.c., as várias províncias palestinenses passaram ao comando de seus filhos. A Judeia, a partir do ano 26 d.c., ficou sob controle dos sumos sacerdotes judaicos e do procurador romano Pôncio Pilatos, que governou a Judeia e a Samaria entre os anos 26 e 36.

As três principais províncias da Palestina – Judeia, Samaria e Galileia – eram habitadas pelo povo israelita, dividido entre si por questões religiosas. A mais poderosa das três, a Judeia – cuja capital, Jerusalém, abrigava o famoso Templo –, considerava os samaritanos "hereges"[16] e os galileus "impuros".

---

14. A versão católica do Primeiro Testamento contém dois livros que narram a rebelião dos macabeus.

15. Aquele que governa quatro províncias. No caso, Judeia, Samaria, Galileia e Idumeia.

16. A província da Samaria ficava entre a Judeia e a Galileia. Jesus tinha de atravessá-la ao viajar da Galileia para Jerusalém. Após a morte do rei Salomão (932 a.C.), as doze tribos de Israel se dividiram em dois reinos. O do Sul, formado pelas tribos de Judá e Benjamin, tinha Jerusalém por capital. As outras dez tribos formaram o Reino do Norte, com capital em Siquém, na Samaria. Em 721 a.C., os assírios destruíram o Reino do Norte e depor-

Ao contrário de outras províncias da Palestina, como Judeia, Samaria e Idumeia, o palco principal da atuação de Jesus, a Galileia, não era governada pelos sumos sacerdotes submissos ao governador romano. Ali o Império Romano empossou, no ano 4 a.C., um dos filhos do rei Herodes, Herodes Antipas. Ele governou a Galileia durante 43 anos, desde 4 a.C. até o ano 39. Foi a primeira vez na história que os galileus tiveram um governador e sua administração na própria Galileia. Nos cem anos anteriores, os galileus tinham sido administrados desde Jerusalém.

A Palestina era uma sociedade agrária. A maioria da população tinha alguma atividade vinculada à exploração da terra, exceto em Jerusalém, capital da Judeia, então com pouco mais de 30 mil habitantes, cuja maioria dependia, para sobreviver, das atividades do Templo[17]. As terras pertenciam ao imperador romano e às famílias judaicas abastadas, a quem eram pagos altos impostos, acima de 30% da colheita produzida, além da cobrança de pedágios. Essa economia extrativa resultava do esforço dos camponeses que sustentavam a ociosidade da aristocracia.

O percurso final do Rio Jordão, quando se aproxima do Mar Morto, é cercado por uma região desértica. Na Bíblia, o deserto é lugar de encontro consigo mesmo e com Deus. No deserto,

---

taram seus habitantes para a Assíria, situada entre os rios Tigre e Eufrates, onde hoje ficam Iraque e Síria. Da união entre os colonizadores assírios que ocuparam a Samaria e as mulheres israelitas que não haviam sido deportadas nasceu o povo samaritano. Ao retornar do exílio na Babilônia, em 537 a.C., os judeus excluíram os samaritanos do "povo eleito" por considerá-los "impuros" e proibiram que participassem da reconstrução do Templo de Jerusalém. Assim, os samaritanos passaram a cultuar Javé no Monte Garizim, como aparece no encontro de Jesus com a samaritana, descrito no capítulo 4 do *Evangelho de João*.

17. Os pesquisadores divergem quanto à população de Jerusalém na época de Jesus. Myers calculou entre 30 a 35 mil habitantes. Pagola, entre 25 a 55 mil. Estima-se que no Templo de Jerusalém trabalhavam 18 mil operários, 7 mil sacerdotes e 9 mil levitas (religiosos não sacerdotes).

Moisés (*Êxodo* 3,1-8) e Elias (*Primeiro Livro dos Reis* 19,8-18) receberam o chamado de Deus para libertarem o povo hebreu. É lugar de isolamento da vida cotidiana, de afazeres e atrativos.

O número 40 simboliza o tempo de Deus. O dilúvio durou 40 dias e 40 noites (*Gênesis* 7,17). Moisés tinha 40 anos quando feriu um egípcio e se viu obrigado a fugir (*Êxodo* 2,12 e 15). Antes de receber as tábuas da lei, ele jejuou durante 40 dias e 40 noites (*Deuteronômio* 9,9). Quarenta anos mais tarde teria liderado a libertação dos hebreus da escravidão no Egito. A travessia dos hebreus pelo deserto – o êxodo –, rumo a Canaã, teria durado 40 anos (*Êxodo* 16,35). O profeta Elias "caminhou 40 dias e 40 noites até o Monte Horeb, a montanha de Deus" (*Primeiro Livro dos Reis* 19,8).

Como informa Marcos, após a ressurreição Jesus permaneceu 40 dias em companhia dos discípulos. Hoje, no ano litúrgico da Igreja Católica temos a Quaresma, os 40 dias que precedem o Domingo de Páscoa. Portanto, na Bíblia o número 40 é simbólico. E dele deriva a palavra *quarentena*, período que nos foi imposto pela pandemia de Covid-19, durante o qual trabalhei neste livro.

Jesus se preparou para a sua militância com um retiro de 40 dias no deserto. Significa que após ser batizado por João e despertar para a missão que lhe foi confiada por Deus, passou um tempo dedicado à reflexão.

Ali no deserto, diz Marcos, Jesus "foi tentado pelo demônio". Ora, Deus não tem concorrente. O demônio simboliza nossos apegos, tendência ao egoísmo, tentação de ceder às seduções da vaidade, do poder, da riqueza e do sexo[18]. De vez em quando ou-

_____

18. "Há, porém, teólogos que preferem compreender a imagem do demônio como algo simbólico, visto pelo viés da psicologia como a representação da culpa humana diante dos erros. [...] Em nossa sociedade é demônio e demoníaco tudo aquilo que desvirtua o bem, a justiça e a verdade, inclusive o que é falado em nome de Deus e com a Bíblia nas mãos. [...] Expulsar os demônios pode corresponder, na pregação, ao ato de desmascarar as falsas ideias

vimos alguém dizer que "fulano foi vítima de mau olhado", "isso é quebranto", "ele está com feitiço" etc. Ora, no tempo de Jesus o termo usado para explicar a força do mal era "demônio", "espírito maligno", "espírito impuro". Essa força está em cada um de nós. Somos um feixe de contradições. Cada pessoa traz em si múltiplos indivíduos. E, às vezes, acontece a tentação de trair os princípios e valores abraçados, os ideais que norteiam os nossos passos, o rumo imprimido à existência.

Jesus foi tentado a não se dedicar integralmente à missão que Deus lhe confiava[19]. Deus feito homem, Jesus em tudo era igual a nós, exceto no pecado. Isso significa que, como nós, teve tentações, raiva, medo, e também chorou. Porém, não pecou. Pecar é escolher a si mesmo em detrimento do outro ou dos outros. Isso Jesus não fez por uma simples razão: *Ele amava assim como só Deus ama.*

No deserto, "conviveu com animais selvagens". Alusão à paz paradisíaca anunciada em *Isaías* 11,6-9, quando o profeta traduz a paz trazida pelo Messias em imagens de total harmonia entre seres antagônicos, como esta: "O bebê brincará na cova da cobra venenosa" (11,8). São metáforas que refletem o futuro utópico.

Marcos quis também realçar a comunhão de Jesus com a natureza. Aos olhos de Jesus, a natureza não era mero objeto a ser dominado e explorado, como é para muitos de nós. Era um ser vivo com o qual mantinha empatia. Aliás, nós, seres humanos, depen-

---

e pretensões humanas de supervalorizar os poderes temporal e religioso que tiranizam povos e deixam rastros de miséria, colocando milhares de pessoas em situações subumanas" (FERNANDES; GRENZER. *Evangelho Segundo Marcos*. São Paulo: Paulinas, 2012, pp. 101-103).

19. "Jesus é tentado no deserto depois de 40 dias de jejum, revivendo assim as tentações de idolatria praticadas por Israel quando sentia fome no deserto. Este tipo de leitura atualizada do passado é um gênero literário muito conhecido entre os judeus e se chamava *hagadá*" (PAGOLA. Op. cit., p. 374, n. 35).

demos da natureza para viver. Ela nos fornece os alimentos e as matérias-primas com os quais confeccionamos tudo que necessitamos, do garfo ao carro, da roupa ao imóvel em que habitamos. A natureza não necessita de nós. Evoluiu ao longo de bilhões de anos sem a nossa incômoda presença, e pode voltar a ser assim se não detivermos o aquecimento global e a devastação ambiental.

A alusão aos anjos que "o serviram" no deserto ressalta a proteção divina de Jesus.

> *Depois que João foi preso, Jesus se dirigiu para a Galileia. Pregava o Evangelho de Deus, e anunciava: "Completou-se o tempo e o Reino de Deus está próximo; mudem de vida e acreditem no Evangelho".*

"João foi preso", informa Marcos. Mas só dá detalhes dessa prisão no capítulo 6, como veremos adiante.

Jesus, discípulo de João, não abraçou as práticas do mestre. Largou o deserto e retornou à Galileia, onde vivia sua família. Não batizava, mas anunciava: "Completou-se o tempo e o Reino de Deus está próximo".

O que significa esta expressão *Reino de Deus*? Ela não aparece no Primeiro Testamento. Ali apenas consta Javé como rei ou que reina. De onde Jesus tirou esta metáfora? Por que a escolheu para definir o seu projeto?

Na cultura judaica, Javé, que libertara os hebreus da escravidão no Egito, era o único rei. Quando se estabeleceu a monarquia em Israel e o povo hebreu passou a ter seu próprio rei, os profetas insistiram que o único rei era Javé. E quem governasse com este título tinha que ser fiel a Javé. A vontade dele é que o reino de Israel fosse muito diferente dos demais: ali não haveria escravos; os pobres seriam protegidos e suas dívidas perdoadas; os estrangeiros seriam bem acolhidos. Nada disso, porém, perdurou. E a ruína de Israel resultou no desterro de seu povo para a Babilônia (atual Iraque). O exílio durou de 597 a.C. a 538 a.C., 59 anos. Em seguida, Israel passou a ser dominado por reinos estrangeiros, como Grécia e Roma. Mas seu povo, ao longo dos séculos, sonhava em restaurar o reino de Davi e alimentava a confiança de que Javé haveria de intervir na história para fazê-lo, como prenunciavam os profetas.

Ora, Jesus nasceu no reino de Herodes e viveu no reino de César. Tanto Herodes quanto o imperador romano se consideravam portadores de atributos divinos. Jesus se contrapôs aos reinos deles. Passou a anunciar *outro reino possível – o de Deus!* Proposta política revestida de linguagem religiosa, como era próprio no contexto em que vivia. E este outro reino foi semeado pela prática de Jesus. Não é um reino de poder, de acumulação e crueldade; mas de serviço, de partilha e de perdão. Essa a revolução introduzida por Jesus e que lhe custou a vida.

Jesus foi a presença do Reino entre nós. Há que notar que *Ele não anunciou a si mesmo,* nem o Cristianismo ou a Igreja. Anunciou o Reino de Deus. Exatamente o contrário do que muitos cristãos fazem hoje: pregam o nome de Jesus, em nome de Jesus, e não o Reino de Deus.

Jesus não veio fundar uma religião (o Cristianismo) ou uma Igreja (a cristã). Veio fundar o Movimento do Reino para implantar as sementes de um novo projeto político civilizatório – o mundo como Deus gostaria que fosse.

Ora, os judeus, como ainda hoje, esperavam a vinda do Messias. Longo tempo de espera! Para Jesus não havia mais o que esperar. O Messias já se fazia presente (mas os judeus não o reconheceram nem o reconhecem em Jesus). Interessante observar que Jesus não proclamou: "Eu sou o Messias esperado!" Repito, não anunciou a si mesmo. Anunciou a proximidade do "Reino de Deus".

O que significa isso?

Para muitos de nós, o Reino de Deus fica apenas no pós--morte, na eternidade. Ideia equivocada. O Reino de Deus *não é um lugar. É um novo modo de pensar e atuar.* E anunciar um outro reino dentro do reino de César era como falar em democracia dentro de uma ditadura. Sim, Jesus nasceu e viveu em uma província dominada pelo Império Romano e governada por homens nomeados por Tibério César, imperador romano.

Assim, o Reino de Deus se contrapõe ao reino de César[20]. Jesus, ao anunciá-lo, quis deixar claro que veio trazer *um novo projeto de sociedade, livre de opressores e oprimidos, e no qual predominaria o amor nas relações pessoais, e a partilha dos bens nas relações sociais.* Essas as bases do Reino de Deus, oposto ao de César, que espoliava, explorava, massacrava.

Estas palavras do profeta Isaías sinalizam o caráter do Reino de Deus: "[...] nunca mais se ouvirá choro ou clamor. Aí não haverá mais crianças que vivam alguns dias apenas, nem velhos que não cheguem a completar seus dias, pois será ainda jovem quem morrer com cem anos [...]. Construirão casas e nelas habitarão, plantarão vinhas e comerão seus frutos. Ninguém construirá para outro morar, ninguém plantará para outro comer, porque a vida do meu povo será longa como a das árvores, meus escolhidos poderão gastar o que suas mãos fabricarem. Ninguém trabalhará inutilmente, ninguém gerará filhos para morrerem antes do tempo" (*Isaías* 65,19-23).

---

20. No original grego dos evangelhos o termo utilizado por Jesus para dizer "reino" é *basileia* – que, na época, só era empregado para designar *império* (PAGOLA. Op. cit., p. 134, n. 55). "O que pretende agora Jesus ao convidar as pessoas a 'entrar no império de Deus' que, diferentemente de Tibério, não busca poder, riqueza e honra, mas justiça e compaixão precisamente para os mais excluídos e humilhados do Império Romano? Ouvi-lo falar de um 'império', mesmo que o chame 'de Deus', não é muito tranquilizador. Construir um 'império' diferente, tendo por base a vontade de Deus, encerrava uma crítica radical a Tibério, o César que ditava sua própria vontade de maneira onímoda a todos os povos" (PAGOLA. Op. cit., pp. 411-412).

Isso comprova que o Reino anunciado por Jesus é algo a ser realizado ao longo da história da humanidade. Não faz sentido falar em trabalho livre, saúde plena e longevidade na eternidade... Foi isso que motivou os primeiros cristãos a formarem comunidades de partilha, que aboliam a propriedade privada e suprimiam as diferenças sociais[21].

Para vivenciar este Reino já presente entre nós, propunha João, devemos mudar de vida, ou seja, abraçar os valores da boa-nova trazida por Jesus ou, simplesmente, agir como Jesus.

Por isso, Jesus iniciou sua atividade anunciando: "Completou-se o tempo e o Reino de Deus está próximo; mudem de vida e acreditem no Evangelho". Carlos Mesters e Mercedes Lopes frisam que "o anúncio da boa-nova de Deus tem quatro pontos: (1) *Esgotou-se o prazo!* (2) *O Reino de Deus chegou!* (3) *Mudem de vida!* (4) *Acreditem nesta boa notícia!* (*Marcos* 1,14-15). Estes quatro pontos são um resumo de toda a pregação de Jesus"[22].

Não há o que esperar. O Reino de Deus já veio à história humana (no próprio Jesus ele se manifestou como protótipo). E, ao mesmo tempo, "está próximo", ou seja, só chega para nós se abraçarmos a proposta de Jesus. Por isso, na oração que Ele nos ensinou, o *Pai-nosso*, pedimos "Venha a nós o vosso Reino". Se o Reino fosse uma realidade apenas após a morte, o correto seria orar "leve-nos ao vosso Reino".

Como afirma Pagola, "Jesus vive para o Reino de Deus. Esta é a sua verdadeira paixão. Por essa causa se desvela e luta; por essa causa é perseguido e executado. Para Jesus, 'só o Reino de

---

21. "Todos que abraçaram a fé eram unidos e colocavam em comum todas as coisas." Os *Atos dos Apóstolos* (2,44) descrevem assim as primeiras comunidades cristãs.

22. *Caminhando com Jesus* – Círculos Bíblicos do *Evangelho de Marcos*. Centro de Estudos Bíblicos (Cebi), 2003, p. 22.

Deus é absoluto; todo o resto é relativo'"[23]. O que ocupa lugar central na vida de Jesus não é Deus simplesmente, mas Deus com seu projeto sobre a história humana. Jesus não fala de Deus simplesmente, e sim de Deus e seu Reino de paz, compaixão e justiça. Não chama as pessoas a fazer penitência diante de Deus, mas a *entrar* em seu Reino. Não convida, simplesmente, a buscar o Reino de Deus, mas a "buscar o Reino de Deus e sua justiça". "Quando organiza um movimento de seguidores que prolonguem sua missão, não os envia a organizar uma nova religião, mas a anunciar e promover o Reino de Deus"[24].

> *Ao passar próximo à beira do Lago da Galileia, Jesus avistou Simão e seu irmão André, que lançavam redes ao mar, pois eram pescadores. Jesus disse-lhes: "Venham comigo; farei de vocês pescadores de homens". No mesmo instante, eles deixaram as redes e o seguiram. Pouco adiante, Jesus viu Tiago, filho de Zebedeu, e João, seu irmão, que em uma barca consertavam redes. E também os chamou. Eles deixaram na barca seu pai Zebedeu com os empregados e o seguiram.*

Para anunciar o novo projeto civilizatório resumido na expressão "Reino de Deus", Jesus formou uma comunidade, um grupo, um movimento social.

A vida da população da Galileia girava em torno do imenso lago conhecido por vários nomes: Mar da Galileia, Mar de Tiberíades, Lago de Genesaré, com $166,7km^2$. Tiberíades e Genesaré eram cidades situadas à sua margem.

Myers sublinha que "talvez não haja expressão mais tradicionalmente incompreendida do que o convite de Jesus a esses trabalhadores para se tornarem 'pescadores de homens' (1,17).

---

23. PAULO VI. Encíclica *Evangelii Nuntiandi*, 8.

24. Op. cit., p. 568; grifo do autor.

Esta metáfora, apesar da grandiosa e antiga tradição da interpretação missionária, não se refere à 'salvação das almas', como se Jesus conferisse a esses homens *status* imediato de evangelizadores. Pelo contrário, a imagem foi cuidadosamente escolhida em *Jeremias* 16,16, onde é usada como símbolo da censura de Javé a Israel. Alhures, 'pescar peixe com anzol' é eufemismo usado para o julgamento do rico (*Amós* 4,2) e do poderoso (*Ezequiel* 29,4). Ao tomar este mandamento ao pé da letra, Jesus convida o povo a se unir a Ele na sua luta que visa a modificar a ordem de poder e de privilégio existente" (MYERS, C. *O Evangelho de São Marcos.* São Paulo: Paulinas, 1992, p. 172).

O relato de Marcos nos ajuda a perceber que Jesus escolheu discípulos entre homens que tinham certa posição social, o que hoje chamaríamos de classe média, pois Tiago e João eram filhos de Zebedeu, que possuía barcas e empregados em seu negócio de pesca.

> *Dirigiram-se para Cafarnaum*[25]. *E, no sábado, Jesus entrou na sinagoga e começou a ensinar. Todos ficaram admirados com a sua doutrina, porque ensinava como quem tem autoridade, e não como os escribas. Ora, na sinagoga se encontrava um homem possesso de espírito impuro, que gritou: "O que quer de nós, Jesus de Nazaré? Veio para nos destruir? Sei quem é você: o Santo de Deus!" Jesus ordenou: "Cale-se e saia deste homem!" O espírito impuro agitou o homem violentamente, deu um forte grito e saiu dele. Todos ficaram perplexos, e perguntavam uns aos outros: "O que é isso? Eis um ensinamento novo, e feito com autoridade; além disso, ele manda até nos*

---

25. No século I, Cafarnaum, na Galileia, tinha de 5 a 6,5 mil habitantes. A maioria, judeus. As casas tinham paredes comuns, eram escuras e construídas de maneira relativamente pobre e simples (HARRISON, R.K. *Major cities of the Biblical world*, 1985).

espíritos impuros, que o obedecem!" A fama de Jesus logo se espalhou por toda a redondeza da Galileia.

Com seus primeiros quatro discípulos – duas duplas de irmãos –, Jesus foi para a cidade de Cafarnaum, onde vivia a família de André e Simão, também chamado Pedro[26]. Era sábado e, como bons judeus, compareceram à sinagoga. No tempo de Jesus, a sinagoga era mais do que um recinto religioso. Dirigida pelos anciãos locais, ali na *knesset* (aramaico) ou *synagoge* (grego), se reunia, uma ou duas vezes por semana, a assembleia da aldeia ou do povoado. Ali o povo debatia suas questões administrativas locais, e também ali crianças e jovens aprendiam a ler e escrever, como Jesus aprendeu, provavelmente, na sinagoga de Nazaré.

Marcos situa a ação de Jesus em um tempo – o sábado – e em um espaço – a sinagoga – considerados sagrados pela tradição judaica. Foi contra essa suposta sacralidade, que tanto neutralizava o povo oprimido, que Jesus se voltou. *Ele veio dessacralizar as instituições que favoreciam as injustiças.*

O rabino passou a palavra a Jesus. O que Ele disse impressionou os devotos, "porque ensinava como quem tem autoridade e não como os escribas". Ora, quem não é ingênuo sabe muito bem quando um orador fala da boca para fora, sem passar nenhuma convicção ou seriedade, e quando fala, como aponta Marcos, "como quem tem autoridade". Este o caso de Jesus. Convencia os ouvintes. E Marcos ainda faz uma comparação ao frisar que Jesus não falava "como os escribas". A palavra escriba vem do verbo escrever. É aquele que escrevia documentos de compra e venda, relatos de viagem etc. ou reproduzia textos religiosos. Dois

---

26. Jesus apelidou três dos quatro discípulos mais próximos a Ele. A Simão deu a alcunha de "rocha" (= pedra, Pedro) e aos irmãos Tiago e João, "boanerges" (= filhos do trovão), possivelmente por terem temperamento exaltado. No entanto, ao se dirigir ao líder do grupo Jesus nunca o chamou de Pedro, sempre de Simão.

importantes escribas citados no Primeiro Testamento são Baruc e Esdras. Baruc trabalhava como secretário para o profeta Jeremias. Anotava o que Jeremias dizia. Esdras, como muitos escribas do tempo de Jesus, era sacerdote e teólogo. Naquela época, os teólogos eram chamados de doutores da Lei ou escribas. Copiavam e interpretavam as leis de Moisés – 613 ao todo! – contidas nos cinco primeiros livros do Primeiro Testamento, denominados Torá pelos judeus.

Conta Marcos que na sinagoga de Cafarnaum se encontrava um homem "possesso de espírito impuro"[27]. Ora, certamente se tratava de uma pessoa com distúrbios psíquicos e, portanto, capaz de proferir frases desconexas e ofensas generalizadas. Na época, não havia ainda a ciência da psicologia ou da psicanálise, e reações semelhantes eram tidas como coisas do demônio...[28]

Há, porém, um aspecto mais importante – para Jesus, impuro era o ensinamento dos escribas. Como, hoje, são tantos ensinamentos religiosos que neutralizam a indignação popular e reforçam a alienação para beneficiar o sistema de opressão e exclusão.

Na cultura do povo contemporâneo de Jesus, como explicar que os hebreus da Palestina, o povo escolhido por Deus e libertado da opressão no Egito, estivesse dominado por estrangeiros? Atribuía-se isso a uma luta entre Deus e belzebu ou satã. O povo de Deus estava "possuído" (dominado) pelo de-

---

27. "Os exegetas tendem a ver na 'possessão diabólica' uma enfermidade, tratando-se de casos de epilepsia, histeria, esquizofrenia ou 'estados alterados de consciência', nos quais o sujeito projeta de maneira dramática um personagem maligno, as repressões e conflitos que dilaceram seu mundo interior" (PAGOLA. Op. cit., p. 207).

28. "O demônio é expulso quando o poder egoísta perde o controle da sociedade e no seu lugar mostra-se o Deus misericordioso e próximo das pessoas, em particular das que estão sofrendo, porque se sentem abandonadas pelos que deveriam representá-las na sociedade" (FERNANDES; GRENZER. Op. cit., p. 103).

mônio. Portanto, os "exorcismos" praticados por Jesus tinham o nítido caráter de simbolizar a rejeição ou expulsão dos romanos e sinalizar que as Leis da Pureza, prescritas no Primeiro Testamento, já não eram queridas por Deus. E ao realizar curas, Jesus provava que Deus vencia o poder de satã, ou seja, o povo de Deus (os israelitas) começava a vencer a ocupação romana. Assim, Deus reforçava a esperança daquela gente oprimida e espoliada durante séculos[29].

O homem não gostou do que Jesus falou. E reagiu com a agressividade própria de algumas pessoas que sofrem de desequilíbrio mental. Jesus conseguiu acalmá-lo. Isso impressionou todos que se encontravam na sinagoga. Entretanto, devemos estar atentos a este detalhe: no tempo de Jesus as doenças eram consideradas "castigo de Deus" e os doentes pessoas "impuras". Portanto, não ponhamos na conta de "exorcismo" todas as curas relatadas por Marcos. Muitos candidatos à cura apresentavam distúrbios psíquicos, o que os incluía na categoria de "endemoninhados"[30].

As forças do mal o identificaram: "O que quer de nós, Jesus de Nazaré? Veio para nos destruir? Sei quem é você: o Santo de Deus!" Jesus, portanto, veio vencer o mal, destruir essa equivocada concepção religiosa que mais exalta o diabo do que Deus. Isso sinalizava a proximidade do Reino de Deus. E, ao curar os doentes, quis manifestar que Deus não criou a doença nem quer seus filhos doentes. É um erro pensar que doença é castigo de Deus. Como autor da vida, Ele não pode querer, para seus filhos e filhas, males que provocam a morte.

---

29. Segundo J. Pilch, "a atividade de Jesus é mais bem descrita eticamente como cura do que como tratamento. Ele confere sentido social aos problemas da vida resultantes da enfermidade" (MYERS. Op. cit., p. 186).

30. No tempo de Jesus, a medicina de Hipócrates já tinha chegado às cidades da Decápole e em Tiberíades e Séforis, mas não nas aldeias da Galileia.

Assim que saíram da sinagoga, dirigiram-se, com Tiago e João, à casa de Simão e André. A sogra de Simão estava de cama, com febre; e eles contaram isso a Jesus. Aproximando-se dela, Jesus a tomou pela mão e a levantou; imediatamente a febre a deixou e ela se pôs a servi-los.

O relato de Marcos nos mostra que Jesus tinha uma fé inculturada, comungava os costumes religiosos de seu povo ao frequentar a sinagoga, e nos passa uma informação importante: Simão Pedro tinha sogra e, portanto, era casado. Prova de que Jesus, embora fosse celibatário, não fazia questão de que seus discípulos também o fossem. Aliás, um homem celibatário ou solteiro na Palestina do século I era raridade. Os jovens se casavam muito cedo.

À tarde, depois do pôr do sol, levaram-lhe todos os enfermos e possessos do demônio. Toda a cidade ficou reunida diante da porta. Ele curou muitos que sofriam diversas doenças, e expulsou vários demônios. Não lhes permitia falar, porque o conheciam.

Myers ressalta que "o exorcismo não é meramente a declaração simbólica do intuito: assume caráter decididamente concreto quando Jesus 'expulsa' do Templo os vendilhões"[31].

O dom curativo de Jesus logo se espalhou pela região. Por isso, muitos foram à sua procura. Não consentia, porém, que os demônios falassem, pois sabiam quem era Ele. Jesus mantinha o *segredo messiânico*. Consciente de que muitos de seus contemporâneos tinham uma ideia deturpada do Messias, às vezes visto com matiz guerreiro ou nacionalista, diferente daquele que Ele queria expressar, Jesus procurava agir com prudência, sem parecer pretensioso. Segredo que Ele impôs aos beneficiados com as suas curas e, inclusive, aos apóstolos, como veremos nos capítulos 8 e 9.

---

31. Op. cit., p. 514.

*De manhã, após levantar-se muito antes do ama-
nhecer, Jesus se dirigiu a um lugar deserto; ali ficou
em oração. Simão e seus companheiros foram procurá-lo. Ao encontrá-lo, disseram: "Todos estão à
sua procura". Jesus retrucou: "Vamos às aldeias vizinhas para que eu pregue também lá, pois para isso
vim". Ele partiu dali para pregar nas sinagogas e por
toda a Galileia, quando expulsava os demônios.*

O primeiro versículo deste trecho acima nos diz muito. Relata hábitos de Jesus, que dormia cedo e levantava cedo. Gostava de ficar só e orar. Sim, para muitos cristãos, que têm ideia
equivocada da dupla natureza de Jesus, a divina e a humana, Ele,
sendo Deus feito homem, não precisava orar. Como se Ele fosse
humano só por fora e, por dentro, todo divino; portanto, para
que orar?[32]

Vale insistir que Jesus era tão humano como cada um de nós:
mamou quando bebê, chorava, sentia fome e sono, duvidava, teve
tentações, raiva e alegria, empatia com os amigos e indiferença
perante os poderosos. Em tudo era igual a nós, exceto no pecado.
A divindade não é o oposto do humano, é a sua plenitude. Quanto
mais humana é uma pessoa, mais próxima ela se encontra de sua
condição de filha de Deus[33].

Jesus nunca falou sobre sua vida interior. Nem de sua ideia
de Deus. No entanto, nos passou, por seu testemunho, que para
Ele Deus era um Pai por quem sentia-se muito amado, a quem

---

32. "Jesus alimenta sua vida diária nesta oração contemplativa, saindo de
manhã bem cedo para um lugar retirado ou passando grande parte da noite
a sós com seu Pai" (PAGOLA. Op. cit., pp. 378-379).

33. "O 'conhecer' de Jesus não pressupõe que por ser Deus sabe tudo de
antemão, mas que *sem saber tudo de antemão* é o Filho de Deus. Se Ele assim
o quis, temos de deixar Deus ser homem, com todas as suas consequências, inclusive a ignorância" (GALLARDO, C.B. *Jesus, homem em conflito*,
p. 290, n. 15).

tratava afetuosamente de *abbá* (pai querido) e a cuja vontade se submetia, ainda que não a compreendesse[34].

Seus amigos saíram a procurá-lo porque o povo passou a admirá-lo ao ver as curas que fazia, o que o tornou um polo de atração. Mas Jesus não queria popularidade. Por isso foi orar, para não cair na tentação do triunfalismo. E se dirigiu com os discípulos aos povoados vizinhos. Como judeu respeitoso, atuava por meio da sinagoga, a "igreja" dos que praticam as diversas formas de judaísmo, assim como há diferentes maneiras de praticar o Cristianismo e mesmo o Catolicismo.

> *Aproximou-se dele um hanseniano e suplicou de joelhos: "Se quiser, pode curar-me". Jesus teve pena dele, estendeu a mão, tocou-o e disse: "Quero, fique curado". Imediatamente desapareceu a hanseníase e ele ficou limpo. Jesus o despediu com esta advertência: "Não diga nada a ninguém; mas se apresente ao sacerdote e faça, pela sua purificação, a oferenda prescrita por Moisés para que sirva de prova". Porém, o homem, logo que partiu começou a divulgar o acontecido, de modo que Jesus já não podia entrar publicamente em uma cidade. Conservava-se fora, nos lugares despovoados, e de toda parte vinham pessoas ao encontro dele.*

Marcos encerra o capítulo 1 de seu relato evangélico ressaltando o dom da cura de Jesus. Naquela época, eram comuns as doenças de pele, como hanseníase, e seus portadores discrimina-

---

34. "Para Jesus, Deus não é uma teoria. É uma experiência que o transforma e o faz viver buscando uma vida mais digna, amável e feliz para todos. [...] Sua experiência de Deus o impele a libertar as pessoas de medos e escravidões que as impedem de sentir e experimentar a Deus como Ele o sente e experimenta: amigo da vida e da felicidade de seus filhos e filhas" (PAGOLA. Op. cit., p. 364).

dos por terem parte do corpo desfigurada. Condenados pelas Leis da Pureza, sentiam-se amaldiçoados por Deus[35].

Jesus acolheu o hanseniano e, contrariando todas as Leis da Pureza, curou-o de dois males: da exclusão social e da doença. Exclusão decretada por uma religião legalista e pelo preconceito social. É como se dissesse: "Você é meu irmão ou amigo". E recomendou ao homem cumprir as prescrições rituais previstas na religião judaica, para que o sacerdote soubesse que Jesus o tinha curado. Esse pedido de Jesus não significa que valorizasse o respeito que o homem curado tinha pelos sacerdotes e suas exigências "canônicas". Antes, era a prova de que os sacerdotes estavam equivocados. Aquele homem, que havia sido rejeitado por eles, agora lhes exibia a prova de que Jesus o acolhera. Com Jesus, ele havia se movido da margem para o centro.

Isso obrigou Jesus a evitar entrar em cidades e povoados, devido ao fato de ter "tocado" o doente, o que, aos olhos da ideologia dominante, o tornava também "impuro". Os papéis se inverteram, aquele que era "impuro" agora podia entrar na cidade, e Jesus, que o havia tocado, tinha que se manter afastado por haver adquirido "impureza"...

As Leis da Pureza, contidas no Primeiro Testamento, e defendidas ardorosamente pelos fariseus, excluía o povo das bênçãos de Deus, pois enfermos, médicos, mulheres e pobres eram tidos como "impuros". Aqueles que faziam parte do poder religioso e da elite econômica e, portanto, tinham condições de seguir à risca os preceitos de pureza, se "apropriavam" de Deus – o Deus dos "perfeitos" –, e em nome dele oprimiam o povo "impuro".

---

35. Segundo Pagola, "o termo hebraico *tsara'at*, que se costuma traduzir como 'lepra', não é a lepra que a medicina atual conhece como 'hanseníase'. [...] Até o momento não se descobriu na antiga Palestina nenhum resto arqueológico pertencente a uma pessoa enferma de lepra" (Op. cit., p. 193, n. 7).

Os fariseus não se opunham à dominação romana nem se recusavam a pagar impostos a César. Consideravam tal postura suicida. A proposta deles era insistir na pureza ritual como forma de se distanciarem e diferenciarem dos pagãos[36].

---

36. No tempo de Jesus, metade da renda familiar era para pagar impostos: sobre tamanho da propriedade (como o nosso IPTU); produção e número de empregados; pessoas de 12 a 65 anos; festas e visitas do imperador; sal usado em comércio, como o utilizado por pescadores na comercialização do peixe (daí a palavra *salário*); cada transação comercial; para exercer uma profissão; circulação de mercadorias (como o nosso ICMS); sustento das tropas romanas; e manutenção do Templo de Jerusalém (LOPES, M.; MESTERS, C. Op. cit., vol. 184/185, pp. 89ss.).

Capítulo 2

Poucos dias depois, Jesus entrou de novo em Cafarnaum. Logo se espalhou a notícia de que Ele estava em casa. Então muita gente se reuniu ali, a ponto de não haver lugar nem junto à porta, e Ele lhes anunciava a palavra.

Em Cafarnaum, Jesus se hospedava com a família de Pedro e, ali, se sentia em casa. E como trazia esperança àquele povo sofrido, muita gente ia ao encontro dele.

Alguns homens trouxeram um paralítico, carregado por quatro deles. Sem poder levá-lo até Jesus, por causa da multidão, fizeram um buraco no telhado, bem em cima do lugar onde Jesus se encontrava. Pela abertura no teto, baixaram a maca na qual estava deitado o paralítico. Vendo a fé que tinham, Jesus disse ao paralítico: "Filho, os seus pecados estão perdoados".

Alguns doutores da Lei que se encontravam sentados ali perto, cogitaram intimamente: "Por que esse homem fala assim? Está blasfemando! Quem pode perdoar pecados, a não ser Deus?"

Jesus percebeu a indignação deles e disse: "Por que me julgam desse jeito? O que é mais fácil dizer ao paralítico: 'Seus pecados estão perdoados', ou 'Levante-se, pegue a sua maca e ande?' Pois bem, para que saibam que o Filho do Homem tem autoridade para perdoar pecados – dirigiu-se ao paralítico – eu digo a você: 'Levante-se, pegue a sua maca e vá para casa'". Ele se levantou, pegou a maca e saiu diante de todos, que, atônitos, glorificaram a Deus e comentavam: "Nunca vimos nada igual!"

Nas línguas hebraica e aramaica, "filho do homem" é uma expressão comum para dizer "um ser humano" ou "alguém". Ao aplicar este título a Jesus, Marcos possivelmente quis relacioná-lo com o "Filho do Homem" que aparece no livro do profeta Daniel (7,13-14) e que governaria, não só Israel, mas todas as nações: "...vinha alguém como um filho de homem. [...] Foi-lhe dado poder, glória e reino... [...] E o seu reino é tal que jamais será destruído." (*Daniel* 7,13-14).

Antes de curar o paralítico, Jesus manifestou a ele o amor de Deus e perdoou-lhe os pecados. Só é capaz de perdoar quem ama. E Deus é amor (*Primeira Carta de João* 4,8).

Para as autoridades religiosas judaicas, somente Deus podia perdoar pecados. E assim mesmo só no Templo, por meio dos sacerdotes, aonde o pecador deveria ir para se purificar. Por isso, os doutores da Lei que ali se encontravam ficaram indignados com o gesto de Jesus, considerado "blasfêmia". A resposta de Jesus foi curar o paralítico e demonstrar, assim, o amor e o poder de Deus. O deus dos doutores da Lei não coincidia com o Deus Pai/Mãe de Jesus. O deus dos escribas excluía doentes e pecadores. O de Jesus, incluía.

Os galileus e outros povos da Palestina estavam convencidos de que seus sofrimentos eram castigo de Deus por seus pecados e pelos pecados de seus pais, por terem violado a Lei Mosaica. Isso os paralisava. Ora, Jesus os libertou dessa paralisia causada pela culpa.

> *Jesus saiu outra vez para a beira do Lago da Galileia. A multidão foi ao seu encontro e Ele começou a ensinar.*
> *Pouco depois, avistou Levi, filho de Alfeu, sentado na coletoria de impostos, e disse-lhe: "Siga-me". Levi se levantou e o seguiu.*

Levi era o nome daquele que conhecemos como Mateus, autor de um dos quatro evangelhos. Como registra Marcos, era publicano, ou seja, fiscal de imposto de renda, atividade considerada "impura" pelas Leis da Pureza[37]. Em geral, os publicanos eram corruptos. No entanto, dentre eles Jesus escolheu um, para escândalo dos fariseus e doutores da Lei. O que comprova que Jesus não tinha preconceitos nem discriminava pessoas.

> *Durante uma refeição, muitos cobradores de impostos e pecadores comiam com Jesus e seus discípulos. Eram muitos os que o seguiam. Quando os doutores da Lei, que eram fariseus, o viram comendo com pecadores e publicanos, perguntaram aos discípulos de Jesus: "Por que Ele come com publicanos e pecadores?"*
> *Ao escutar isso, Jesus retrucou: "Não são os que têm saúde que precisam de médico, mas sim os doentes. Não vim para chamar os justos, e sim os pecadores".*

"Foi Jesus quem convidou todos a comerem: pecadores e publicanos, junto com os discípulos"[38].

Marcos registra que, "além dos cobradores de impostos", pecadores compareceram ao jantar, o que escandalizou os doutores da Lei, também conhecidos como escribas. Isso porque a lei ou Código da Pureza era muito exigente e excluía da mesa todos considerados "impuros" por sua condição social, profissão ou devassidão, como as prostitutas.

Ao narrar esse jantar, Marcos sabia que tocava em um ponto polêmico para a comunidade cristã. Muitos judeus que tinham se convertido ao Cristianismo guardavam ainda costumes próprios do Judaísmo, como observar as Leis da Pureza. E cristãos vindos do Paganismo não viam nenhum sentido em observá-las. Esse pro-

---

37. O imposto cobrado por Roma se chamava *publicum*, daí publicano.

38. MESTERS, C.; LOPES, M. *Caminhando com Jesus – Círculos Bíblicos do Evangelho de Marcos*. São Leopoldo, Centro de Estudos Bíblicos (Cebi), 2003. Vol. 182/183, p. 46.

blema foi debatido no Concílio de Jerusalém, o primeiro da história da Igreja, no ano 50. Embora a assembleia dos apóstolos decidisse pela mesa comum, ainda no ano 70 a polêmica prosseguia[39].

Qualquer pessoa que se coloca a serviço dos pobres e excluídos, e questiona o poder de quem os oprime, passa a ser duramente criticada, inclusive vira alvo de todo tipo de mentiras. E Jesus não foi exceção. Os fariseus, ansiosos por apanhá-lo em contradição, perguntaram aos discípulos por que Jesus, que se apresentava como fiel a Deus, partilhava a refeição com publicanos e pecadores. Só nos sentamos à mesa com quem nutrimos um mínimo de empatia. Caso contrário, a comida causa indigestão. Era absolutamente inusitado um homem de Deus sentar em companhia de pecadores – os publicanos também eram encarados como tal – e ainda compartilhar a refeição com eles!

Na pergunta, os fariseus arrancaram a máscara, porque só chama os outros de pecadores, sem se incluir, quem se julga muito santo, o que é, no mínimo, pecado de orgulho.

Jesus deu uma resposta cabal: assim como quem precisa de médico são os doentes, Deus enviou seu Filho, não para os justos, e sim para os pecadores.

> *Os discípulos de João e os fariseus faziam jejum. Algumas pessoas procuraram Jesus e lhe perguntaram: "Por que os discípulos de João e os dos fariseus jejuam, mas os seus não?" Jesus respondeu: "Acham que os convidados de um casamento podem jejuar enquanto o noivo está com eles? Enquanto o noivo estiver presente os convidados não devem jejuar. Mas chegará o momento em que o noivo já não estará com eles. Então haverão de jejuar. Ninguém coloca remendo de pano novo em roupa velha, porque o remendo repuxa o tecido e o rasgo fica pior. E ninguém*

---

39. Cf. *Atos dos Apóstolos* 15,1-35; 20,29; *Gálatas* 2,11-14.

põe vinho novo em barris velhos, porque o vinho novo arrebenta os barris velhos e tudo se perde. Vinho novo deve ser colocado em barril novo".

Em algumas épocas do ano os judeus fazem jejum, como é recomendado aos cristãos no período da Quaresma. Os fariseus eram incapazes de admitir uma única qualidade nas pessoas alvos de suas críticas. E, portanto, de novo tentaram apanhar Jesus em contradição ao indagar por que, no período de jejum, os discípulos dele não abraçavam a observância.

Jesus não dava importância ao jejum. Não é isso que agrada a Deus, e sim o amor ao próximo. E ele tinha um modo de falar próprio dos sábios. Em vez de dar respostas diretas, preferia utilizar alegorias ou parábolas para que os ouvintes tirassem suas conclusões. Excelente pedagogia de quem não quer impor suas convicções, e ainda desafia a inteligência de quem escuta.

Jesus utilizou a imagem da festa de casamento. Ou seja, deu a entender que Ele era o noivo pelo qual Deus selava sua aliança com o povo. E isso era motivo de júbilo! Ora, não faz sentido jejuar em uma festa.

Jesus passou a deixar claro seu progressivo afastamento da religião praticada pelos judeus de sua época. Usou imagens do cotidiano, como a costura e o modo de conservar vinho. O pano e o barril velhos são o Judaísmo esclerosado dos fariseus. Jesus não pretendeu reformá-lo, ou seja, colocar remendo novo em pano velho ou guardar o vinho novo (sua boa-nova) em barris gastos. Era preciso trocar de roupa e de barril. O novo tempo do Reino exige atitudes novas. *Jesus pretendeu operar uma verdadeira ruptura e iniciar algo inteiramente novo.* E esse seu ensinamento estourou os "barris velhos" dos líderes religiosos legalistas.

Num sábado Jesus passava por plantações de trigo. Enquanto caminhava, os discípulos começaram a colher espigas. Os fariseus perguntaram a Jesus:

"Veja só! Por que seus discípulos fazem o que é proibido no sábado?"

O sábado é, para os judeus, o dia mais sagrado da semana, como o domingo para os católicos. Equivale ao sétimo dia da Criação, quando Javé, após criar a natureza e o ser humano, descansou (*Gênesis* 2,1-2). Dia no qual não se deve trabalhar. A palavra "sábado" vem do hebraico *shabbath*, que significa descanso, interrupção dos trabalhos.

Ora, ao ver os discípulos de Jesus colherem espigas de trigo em pleno sábado, os fariseus julgaram que, desta vez, o haviam encurralado.

Como alguém que se apresenta como enviado de Deus ousa violar a Lei de Deus? A violação do sábado chegava a ser punida com pena de morte por apedrejamento, como fez Moisés ao condenar um homem que catava lenha no sábado (*Números* 15,32-36; *Êxodo* 31,14).

Jesus sabia que se tentasse se justificar a resposta não reduziria o preconceito dos fariseus. Eles defendiam a proibição de trabalhar no sábado e consideravam a cura uma forma de trabalho. Colocavam as Leis da Pureza acima da vida das pessoas.

Jesus, então, recorreu ao exemplo de Davi, por quem os fariseus tinham profundo respeito e veneração. O que demonstra que Jesus era instruído, conhecia muito bem a Torá e os demais livros que, hoje, compõem o Primeiro Testamento.

> *Jesus reagiu: "Vocês nunca leram o que fez Davi, quando ele e seus companheiros passavam necessidade e tiveram fome? No tempo do sumo sacerdote Abiatar, Davi entrou na casa de Deus e comeu os pães que apenas os sacerdotes estavam autorizados a comer, e os deu também a seus companheiros". E acrescentou: "O sábado foi feito para o homem, e não o homem para o sábado. Portanto, o Filho do homem é Senhor até mesmo do sábado."*

Davi e seus companheiros fizeram "pior" do que os discípulos de Jesus: entraram no templo (lugar sagrado), onde estavam os pães sagrados (diríamos hoje, as hóstias) que somente sacerdotes podiam comer, e com eles saciaram a fome.

Aqui a narrativa atinge o seu ápice: o que moveu Davi e seus companheiros, e levou Jesus a justificar o que eles fizeram? A fome! Se uma pessoa passa fome, sua vida fica ameaçada. Podemos viver sem inúmeros bens, mas jamais sem alimento. A fome justificou a desobediência civil e religiosa de Jesus e dos discípulos de violar a sagrada lei do sábado, e ainda o fato de o alimento ter sido buscado em propriedade alheia. Se há fome, o direito humano ao alimento supera o direito de propriedade. E este princípio evangélico antecipa em séculos o surgimento da teoria de Marx, o advento do socialismo e as ocupações de terra promovidas pelo MST!

Apenas no *Evangelho de Marcos* aparece a frase revolucionária "O sábado foi feito para o homem e não o homem para o sábado". Isso nos permite relativizar todas as instituições. O critério de Jesus para avaliar uma conjuntura, instância de poder, lei ou costume era óbvio: isso serve a todos os seres humanos ou somente a uma minoria?

Lembro as greves metalúrgicas do ABC paulista, no início dos anos de 1980. Quando a ditadura militar interditou a sede do Sindicato dos Metalúrgicos, o então bispo da diocese de Santo André, Dom Cláudio Hummes, abriu as portas da igreja matriz de São Bernardo do Campo para as assembleias operárias. Muitos paroquianos reagiram indignados, como se o templo estivesse sendo profanado... Nada entenderam da afirmação de Jesus de que "o sábado foi feito para o homem".

Jesus introduziu um ensinamento que, ainda hoje, muitos cristãos não aprenderam: um ser humano vale mais do que todos os templos, todas as catedrais, todos os preceitos religiosos. Principalmente se a sua vida – o dom maior de Deus – está ameaçada pela falta de um direito fundamental como o acesso à alimentação. Lógica perturbadora para os dias atuais, quando a mercadoria, como o pão, tem valor de troca, e não de uso, ainda que o mendigo morra de fome na calçada à porta da padaria.

A conclusão de Jesus com certeza deixou os fariseus escandalizados: tudo que há de mais sagrado só tem valor se serve à vida humana.

Capítulo 3

Jesus voltou à sinagoga. Achava-se ali um homem que tinha a mão seca. Ora, muitos o observavam para ver se o curaria no dia de sábado e, assim, poder acusá-lo. Ele disse ao homem da mão seca: "Levante-se e venha para o meio". E perguntou aos demais: "É permitido fazer o bem ou o mal no sábado? Salvar uma vida ou matar?" Todos se mantiveram calados. Então, lançou um olhar indignado sobre eles, e aborrecido com a dureza de seus corações, disse ao homem: "Estende sua mão!" Ele a estendeu e a mão ficou curada.

Na sinagoga, Jesus reforçou o princípio de que a vida humana está acima de qualquer lei e de tudo que possa ser considerado sagrado. Porque, *para Deus, não há nada mais sagrado do que a vida humana.* Esta é a essência da mensagem de Jesus e da proposta do Movimento do Reino. Por isso, Jesus fez o homem levantar-se, erguer-se de sua condição de submisso e segregado. Tirou-o da margem e o colocou no centro.

Ao sair dali os fariseus planejaram com os herodianos como haveriam de assassiná-lo.

Os séculos passam, mas perdura o modo de proceder dos que abusam do nome de Deus para provocar o mal. Ainda nem bem se iniciara a militância de Jesus e os fariseus já se articularam com os aliados de Herodes Antipas, governador da Galileia, para assassinar Jesus! Esses aliados eram conhecidos como herodianos, desprezados pelos fariseus, que os consideravam "impuros" por serem adeptos da dominação romana. Mas na hora de conspirar para eliminar Jesus os dois "partidos" entraram em acordo. Toda a narrativa de Marcos descreve essa tensão permanente entre Jesus e as autoridades, que culmina com o assassinato do Nazareno.

O que chama a atenção nesse relato é a reação extremada daqueles que defendiam o sistema de morte diante de um homem que militava em favor do sistema de vida. Ao longo dos séculos o embate perdura. Para o sistema de morte, importa apenas a vida dos que dele se beneficiam. Os demais devem ser excluídos ou exterminados. Para os militantes do sistema de vida, todas as vidas merecem ser preservadas e valorizadas, inclusive as daqueles que advogam o sistema de morte.

A população da antiga Judeia e Galileia se dividia em estratos sociais muito diferentes. Os privilegiados, mantidos no poder pelos ocupantes romanos, pertenciam às famílias dos sumos sacerdotes e dos seguidores dos filhos do rei Herodes, como Herodes Antipas. A grande maioria do povo era formada por camponeses pobres que residiam em aldeias ou no campo.

> *Jesus se retirou com os seus discípulos para a beira do mar. Uma grande multidão vinda da Galileia o seguiu. E também gente da Judeia, de Jerusalém, da Idumeia[40], do outro lado do Jordão e dos arredores de Tiro[41] e de Sidônia[42], porque tinham ouvido falar de tudo que Ele fazia. Ele pediu aos discípulos para providenciarem uma barca, de modo a não ficar espremido na multidão. Como havia feito muitas curas, todos que sofriam de algum mal se jogavam sobre Ele para tocá-lo. Quando os espíritos maus o viam, caíam a seus pés*

---

40. Os idumeus, também conhecidos por edomitas, tiveram a sua região invadida, no século II a.C., por João Hircano I, que governou a Judeia de 135 a 104 a.C. Ao dominar os idumeus, exigiu que se submetessem à lei judaica.

41. Tiro, fundada pelos fenícios, atualmente se encontra no Líbano.

42. Situada a poucos quilômetros de Tiro, Sidônia, fundada pelos fenícios, também faz parte, atualmente, do Líbano.

e gritavam: "Tu és o Filho de Deus!" Mas Jesus os proibia severamente de dizerem quem Ele era.

Havia entre o povo uma ideia equivocada de como seria o Messias, tido como um guerreiro nacionalista que viria libertar Israel do domínio dos romanos. Jesus jamais pretendeu ser confundido com tantos líderes rebeldes que tentaram livrar Israel da submissão estrangeira que Ele não aprovava. Mas sabia que não bastava Israel se ver livre da ocupação romana se o próprio sistema de poder judaico da época oprimia o povo. Por isso, não procurou pregar a si mesmo, mas o projeto do Reino de Deus para a história humana, um projeto político a ter início ainda durante o reino de César e capaz de progressivamente alterar as relações pessoais e sociais. No entanto, os galileus, tão sofridos e explorados, o encararam como alguém que poderia libertá-los de imediato.

> *Jesus subiu ao monte e chamou os que havia escolhido. Então constituiu o Grupo dos Doze[43] para ficar com Ele e depois enviar os apóstolos a pregar, com o poder de expulsar os demônios. Escolheu estes doze: Simão, a quem deu o nome de Pedro; Tiago, filho de Zebedeu, e João, seu irmão, aos quais deu o nome de Boanerges, que quer dizer "filhos do trovão"; André, Filipe, Bartolomeu, Mateus, Tomé e Tiago, filho de Alfeu; Tadeu e Simão, o cananeu; e Judas Iscariotes, que haveria de traí-lo.*

Entre os doze discípulos, Jesus escolheu onze galileus para estarem na linha de frente, gente considerada "impura" pelos poderosos da Judeia e por eles desprezada.

Note-se que não aparece o nome do discípulo Natanael, citado no capítulo 1 de João. Para evitar incongruência, estabele-

---

43. "Este número simbólico aponta para o povo judeu, formado por doze tribos, que, segundo a tradição, descendiam dos doze filhos varões de Jacó" (PAGOLA. Op. cit., p. 278). Tudo indica que os Doze eram todos galileus, à exceção de Judas, de sobrenome Iscariotes, que significa "homem de Keriot", pequena aldeia da Judeia.

ceu-se a hipótese de Natanael ser Bartolomeu, que aparece em Marcos, Mateus e Lucas.

"Expulsar os demônios" significa livrar de todo mal, fazer justiça, suscitar esperança. Como pedimos ao rezar o *Pai-nosso*. Portanto, não significa que os Doze foram enviados para praticar exorcismos. E sim para anunciar a proposta do Reino de Deus, em oposição ao de César, que ali predominava.

> *Jesus foi em seguida para casa, mas de novo afluiu tanta gente que Ele e os apóstolos nem conseguiam comer. Quando seus parentes souberam disso, decidiram interditá-lo por estarem convencidos de que tinha ficado louco. Também os doutores da Lei, vindos de Jerusalém, diziam: "Ele está possuído de belzebu. É pelo príncipe dos demônios que expulsa os demônios".*

No tempo de Jesus, como ainda hoje em certos redutos religiosos, infundia-se nos fiéis a submissão à voz da autoridade através do medo do inferno, do demônio, da danação eterna, como se Deus fosse um carrasco e não um Pai/Mãe amoroso.

A família de Jesus morava em Nazaré, que fica a 30km do Lago da Galileia. Quando seus parentes ouviram o que Ele fazia, com certeza na versão narrada pelos doutores da Lei e os fariseus, decidiram buscá-lo.

Aos olhos da família, Jesus destoava. Passara dos 30 anos e ainda não tinha se casado, algo raro naquela sociedade. Em vez de manter vínculos religiosos com os representantes do Templo de Jerusalém, se tornou discípulo de João Batista, execrado e morto pelo governador da Galileia. Assim, a família acreditou que Ele andava fora de si, "possuído pelo demônio", como se dizia na época[44]. E já que os poderosos não conseguiam parar Jesus, quem sabe a chantagem afetiva – a mediação da família – conseguiria?

---

44. "Investigadores recentes acreditam que Jesus entrava numa espécie de 'transe' e imitava o comportamento dos endemoniados para conseguir a

Nas torturas aplicadas a presos políticos pelas ditaduras da América do Sul, na década de 1970, um dos métodos de "quebrar" a resistência do militante era prender um de seus familiares – mãe, mulher, filho – e ameaçar torturar o parente caso não falasse. Essa chantagem emocional por vezes resultava mais dolorosa do que a dor física provocada pelo pau-de-arara e choques elétricos.

Jesus não se casou, não por considerar o celibato um modo de vida superior ou preferido por Deus, mas por ter consciência do risco de vida que corria. Se seu primo e precursor havia sido assassinado, por que Ele estaria seguro? Como formar uma família quando se abraça uma causa que exige dedicação integral e se vive cercado de ameaças de morte?

> *Jesus chamou as pessoas e falou em parábolas: "Como pode satanás expulsar satanás? Se um reino se dividir em grupos que lutam entre si, esse reino acabará destruído. E se uma família está dividida, essa família não haverá de durar. Portanto, se satanás se volta contra si mesmo e se divide em grupos que lutam entre si, ele também desaparecerá. Ninguém pode entrar na casa de um homem forte e roubá-lo se antes não dominá-lo. Só então poderá saquear a casa. Garanto a vocês: tudo será perdoado aos homens, tanto os pecados quanto as blasfêmias que tiverem proferido. Mas quem blasfemar contra o Espírito Santo jamais será perdoado, pois a culpa desse pecado dura para sempre". Jesus falou assim porque andavam comentando: "Ele está possuído por um espírito impuro".*

Ora, como Jesus poderia estar possuído pelo demônio se justamente expulsava o demônio? Como seus inimigos não podiam

---

cura deles (Smith, Crossan, Sanders, Davies)" (PAGOLA. Op. cit., p. 210, n. 51).

atribuir a Deus o poder que Ele tinha de incluir os excluídos e fazer bem aos "impuros", então atribuíam ao demônio.

Jesus voltou a ressaltar o amor misericordioso de Deus, que tudo perdoa. Exceto a blasfêmia contra o Espírito Santo, que é atribuir ao demônio o que é obra de Deus.

> *Chegaram sua mãe e seus irmãos. Ficaram do lado de fora e mandaram chamá-lo. Havia muita gente sentada ao redor dele. Disseram-lhe: "Sua mãe e seus irmãos estão aí fora à sua procura". Ele respondeu: "Quem é minha mãe, quem são meus irmãos?" Olhou para as pessoas sentadas ao seu redor e disse: "Aqui estão minha mãe e meus irmãos. Quem faz a vontade de Deus, esse é meu irmão, minha irmã e minha mãe".*

Tudo indica que José já tinha morrido quando Jesus iniciou a sua militância. O relato de Marcos comprova que Ele tinha irmãos e irmãs[45]. O que é aceito pela tradição protestante, mas não pela católica, que considera esses "irmãos e irmãs" parentes próximos ou primos.

Por que os parentes de Jesus foram chamá-lo? Sem dúvida, porque deram ouvidos à versão das autoridades de que havia ficado louco, "possuído pelo demônio", desobediente às leis mosaicas.

A reação de Jesus não foi de desprezo pela família. Ele quis acentuar que entre as pessoas laços de ideais e princípios unem mais do que os de sangue. Por isso, convidou aqueles que se reuniam naquela casa a formarem uma comunidade familiar com quem estava disposto a fazer a vontade de Deus. O laço de união de quem se agrupa por objetivos comuns é mais forte do que o vínculo de parentesco, como se sabe.

---

45. "Irmãs que não são nomeadas por causa da pouca importância que se dava à mulher" (PAGOLA. Op. cit., p. 66).

Capítulo 4

Jesus foi pregar de novo à beira do Lago da Galileia. Ao ver-se cercado por tanta gente, teve de entrar em uma barca. A multidão permaneceu na praia.

Ele ensinava muitas coisas em parábolas. Dizia a todos: "Ouçam: saiu o semeador a semear. Enquanto lançava a semente, uma parte caiu à beira do caminho; vieram as aves e a comeram. Outra caiu entre pedras, onde não havia muita terra; o grão germinou logo, porque a terra não tinha profundidade. Assim que o sol apareceu, queimou-a e, como não tinha raiz, secou. Outra parte caiu entre os espinhos; estes cresceram, sufocaram-na e o grão não deu fruto. Outra caiu em terra boa e deu fruto, cresceu e se desenvolveu. Um grão rendeu trinta, outro sessenta, e outro cem". E concluiu: "Quem tem ouvidos para ouvir, ouça!"

Quando ficaram a sós, os discípulos e os doze indagaram o sentido da parábola. Jesus observou: "A vocês é revelado o mistério do Reino de Deus, mas aos que são de fora tudo deve ser dito em parábolas. Assim, eles olham sem ver, escutam sem compreender, sem que se convertam e lhes seja perdoado".

E acrescentou: "Não entenderam essa parábola? Como então entenderão as outras? O semeador semeia a palavra. Alguns se encontram à beira do caminho, onde ela é semeada; apenas a escutam, vem satanás e tira a palavra neles semeada. Outros recebem a semente em lugares pedregosos; quando a ouvem, recebem-na com alegria. Mas não têm firmeza, são inconstantes, e assim que aparece uma dificul-

dade ou uma perseguição por causa da palavra, eles tropeçam. Outros ainda recebem a semente entre os espinhos; ouvem a palavra, mas as preocupações mundanas, a ilusão das riquezas, as múltiplas cobiças a sufocam e ela se torna infrutífera. Aqueles que recebem a semente em terra boa escutam a palavra, acolhem-na e dão fruto, trinta, sessenta e cem por um".

Jesus cresceu e viveu na zona rural, onde as atividades predominantes eram a agricultura e, no Lago da Galileia, a pesca. Por isso, ilustrava as suas parábolas com cenários de seu cotidiano.

A Palavra é uma só, mas se frutifica mais ou menos, depende do terreno no qual é semeada. Ele era o semeador. Os terrenos somos nós. Alguns de nós são como a terra infértil à beira dos caminhos. A semente cai, mas não encontra acolhida. Outros são como terrenos cheios de pedras. Recebem a Palavra com alegria, mas tropeçam ao enfrentar a menor dificuldade ou perseguição, ainda que seja uma crítica ofensiva. Querem agradar mais a opinião alheia do que a Deus. São sem consistência e coerência. Outros são como terreno cheio de espinhos.

O que Jesus considerava espinhos capazes de sufocar a Palavra? Ele mesmo respondeu: "As preocupações mundanas, a ilusão das riquezas, as múltiplas cobiças". Quantas vezes deixamos de ser coerentes com o Evangelho por colocar em primeiro lugar a vaidade, o apego a bens ou ao poder, o êxito profissional! Mas quem acolhe a Palavra como terra fértil multiplica os frutos da semente.

Jesus assinalou na *Parábola do Semeador* os três grandes obstáculos para abraçarmos a causa do Reino: 1) Satanás, ou seja, o egoísmo e a maldade; 2) A incapacidade de suportar a perseguição (críticas, incompreensões, difamações etc.) e ser coerente; 3) A sedução da riqueza, o apego aos bens, o comodismo.

Disse-lhes ainda: "Por acaso, alguém traz a lampa- rina para colocá-la dentro de uma vasilha ou de-

baixo da cama? Não é para ser posta no candeeiro? Porque não há nada oculto que não venha a ser descoberto, e nada secreto que não venha a ser divulgado. Se alguém tem ouvidos para ouvir, que ouça".

Jesus queria que os valores que pregava fossem divulgados o mais amplamente possível. Por isso, os comparou à lamparina que deve iluminar toda a casa e não ser colocada onde ninguém a encontre.

Jesus continuou: "Prestem atenção: com a mesma medida que medirem, também serão medidos, e será dado ainda mais a vocês. Para quem já tem algo, será dado ainda mais; e de quem nada tem mesmo o que tem será tirado".

Do mesmo modo que julgamos as pessoas, seremos julgados, alertou Jesus. E quem produzir resultados pela causa do Reino será muito bem recompensado.

E prosseguiu: "O Reino de Deus é como um homem que lança a semente na terra. A cada dia dorme, se levanta e a semente brota e cresce sem ele se dar conta. A terra produz frutos por si mesma: primeiro aparecem as folhas; depois, a espiga; e, por último, os grãos que recobrem a espiga. Quando as espigas amadurecem, o homem corta com a foice, porque chegou o tempo da colheita".

São sementes do Reino: solidariedade, cuidado, cooperação, partilha. Quando semeamos esses valores, o Reino brota sem a gente se dar conta, assim como uma planta dá flores ou frutos sem que percebamos cada etapa do processo vegetativo. E a colheita só é feita quando o processo amadurece.

Jesus disse ainda: "A quem comparar o Reino de Deus? Com que parábola representá-lo? É como o grão de mostarda. Quando semeado, é a menor de todas as sementes. Ao crescer, torna-se maior do que

*todas as plantas e estende de tal modo os seus ramos
que as aves do céu podem abrigar-se à sua sombra".*

Jesus sempre enfatizou que a implantação do Reino é um processo, demanda tempo. Às vezes se inicia por algo aparentemente insignificante: uma cooperativa, um sindicato, uma associação ou ONG, uma Comunidade Eclesial de Base. Aos poucos o movimento cresce e é capaz de mudar a realidade de uma cidade ou um país. Esses movimentos são o "grão de mostarda" que, mais tarde, se transforma em árvore frondosa. Assim como o camponês semeia e aguarda o tempo necessário para colher os frutos, muitas vezes sem saber explicar o processo de germinação[46], do mesmo modo é preciso ter paciência histórica para se obter os resultados de uma ação política.

Na etapa inicial de minha militância, achei que meu tempo pessoal coincidiria com meu tempo histórico. Haveria de ver o Brasil livre de opressões. Depois, na prisão[47], me dei conta de que não haverei de participar da colheita, mas faço questão de morrer semente...

Jesus poderia ter utilizado a imagem de uma árvore mais frondosa do que a mostardeira, como a palmeira, a figueira ou o grandioso cedro do Líbano. Preferiu, porém, o grão de mostarda, do tamanho de uma cabeça de alfinete, embora gere um arbusto de três ou quatros metros. Em abril os pintassilgos se juntavam ali para comer seus grãos.

Era por meio de parábolas que Jesus anunciava a Palavra, conforme eles eram capazes de compreender. Para a multidão,

---

46. No tempo de Jesus, o agricultor não tinha conhecimento do processo orgânico ou biológico da germinação da planta. Considerava-a um "milagre", dádiva de Deus.

47. Cf., de minha autoria, *Cartas da prisão* (Companhia das Letras), *Batismo de sangue* e *Diário de Fernando – Nos cárceres da ditadura militar brasileira* (ambos da Rocco).

Jesus só falava em parábolas. Mas quando ficava sozinho com os discípulos, explicava tudo.

Em linguagem própria da sabedoria oriental, Jesus falava por meio de metáforas ou alegorias. Muitos se perguntavam: o que Ele quis dizer com isso? Inclusive os discípulos, a quem explicava o sentido em particular.

Essa linguagem meio enigmática se devia também a certa cautela, pois sabia que as autoridades religiosas e políticas estavam atentas a tudo que dizia e fazia, e prontas para acusá-lo.

> *Na tarde daquele dia, Jesus disse aos discípulos: "Vamos ao outro lado do lago". Deixaram a multidão, e os discípulos o levaram na barca, seguida por outros barcos. Começou a soprar um vento muito forte e a barca se encheu de água. Jesus se encontrava na popa, onde dormia. Eles o acordaram e disseram: "Mestre, não se importa que morramos?" Então Jesus se levantou, repreendeu o vento e disse às ondas: "Silêncio! Calem-se!" A ventania cessou e tudo ficou calmo.*
> *Em seguida, falou aos discípulos: "Como vocês são medrosos! Ainda não têm fé?" Eles ficaram com muito medo e cochicharam entre si: "Quem é este homem a quem até o vento e as ondas obedecem?"*

Com este relato, Marcos quis simbolizar o poder de Jesus diante das "ondas" que lhe faziam oposição: sacerdotes, fariseus, publicanos, herodianos etc. Esse era o "vento muito forte" que ameaçava a barca na qual navegavam os discípulos e em cuja popa Jesus dormia tranquilo. Mais tarde, a barca se tornará símbolo da Igreja.

O modo de Jesus reagir foi o mesmo adotado com os supostos demônios encarnados nos doentes mentais: "Calem-se!" Sua intenção era silenciar todos os seus inimigos com as práticas de acolhimento e partilha, sinais do Reino entre nós. Para isso se tornar realidade, os discípulos deviam lutar contra o medo. Inclusive nós, hoje. Porque o contrário do medo não é a coragem, é a fé.

Os primeiros mártires da era cristã resistiram a torturas não por coragem, e sim por fé na causa do Reino. Em meus anos de prisão, vi muitos companheiros, como frei Tito de Alencar Lima, meu confrade na Ordem Dominicana, e companheiras, a maioria comunistas ateus, resistirem à tortura. A força de resistência não vinha da coragem, e sim da fé de que defendiam uma causa justa e combatiam uma ditadura assassina.

Capítulo 5

Passaram para a outra margem do lago, ao território dos gadarenos.

Gadara era uma das dez cidades autônomas da Decápolis, situadas a Sudeste do Lago da Galileia[48]. Eram habitadas predominantemente por não judeus, ou seja, gente considerada "pagã" pelos judeus. Aquelas cidades se encontram localizadas, hoje, na Jordânia.

Assim que saíram da barca, um homem possesso de espírito impuro deixou o cemitério onde se refugiava e veio ao encontro de Jesus. Não conseguiam segurá-lo nem com correntes. Muitas vezes tinha sido preso com algemas e correntes, mas ele as arrebentava e ninguém conseguia dominá-lo. Dia e noite vagava entre os túmulos e montes, gritava e se feria com pedras.

A descrição do homem "possesso de espírito impuro" coincide com pessoas que sofrem de transtornos psíquicos, como muitos de nós conhecemos. Contudo, como não havia psicologia no tempo de Jesus, tais manifestações eram atribuídas ao demônio.

Ao avistar Jesus ao longe, ele saiu correndo e ajoelhou-se diante dele, gritando em voz alta: "O que quer de mim, Jesus, Filho do Deus Altíssimo? Pelo amor de Deus, não me perturbe".

---

48. As dez cidades ou aldeias eram: Citópolis, Pela, Dion, Kanatah, Raphama, Hippos, Gadara, Filadélfia, Damasco e Gerasa. Algumas foram fundadas por Alexandre Magno e seus generais, o que explica a influência da cultura grega na região.

Jesus disse-lhe: "Espírito impuro, saia deste homem!" E perguntou: "Qual o seu nome?" O homem respondeu: "Meu nome é legião, porque somos muitos". E insistiu para que Jesus não o expulsasse daquela região.

Este foi o único momento em que Jesus arrancou de um "demônio" a declaração de sua "identidade". Mas os discípulos tinham dúvidas sobre a identidade de Jesus, se era o Messias tão esperado. O certo é que os opositores reconheciam o perigo daquele homem que veio "perturbar" a ordem estabelecida. Chamar os demônios de "legião"[49] era sinal evidente da crítica de Jesus à ocupação imperial da Palestina, assegurada pelas legiões romanas, que ostentavam a imagem do porco em seus estandartes, em óbvia afronta aos judeus, que consideram este animal impuro.

Os ouvintes que ali estavam ainda se recordavam de como as tropas romanas, no ano 4 a.C., tinham queimado aldeias próximas a Magdala e Séforis, e escravizado muitos de seus pais e avós[50]. "Quando Jesus tinha dois ou três anos de idade, o general Quintílio Varo incendiou Séforis e as aldeias ao seu redor, depois destruiu completamente Emaús e, por último, tomou Jerusalém,

---

49. Destacamento romano de seis mil soldados. "Os demônios que possuem o homem de Gerasa são muitos e trazem o nome de 'legião', como as divisões armadas que controlavam o império. Ao serem expulsos, entram nos 'porcos', os animais mais impuros e os que melhor podiam definir os romanos. O javali era precisamente o símbolo da X Legião Fretense, que controlava, a partir da Síria, a região palestina" (PAGOLA. Op. cit., p. 413, n. 31).

50. Logo após a morte do rei Herodes, em 4 d.C., Judas, filho do guerrilheiro Ezequias, que tinha sido executado pelo rei, apoderou-se do depósito de armas de Séforis. Os romanos retomaram a cidade, incendiaram-na e escravizaram os habitantes. Herodes Antipas reconstruiu a cidade e fez dela capital da Galileia, até que terminassem as obras de Tiberíades. Jesus deve ter escutado de seus antepassados a crueldade com que foram reprimidos os que participaram, em Séforis, dessa rebelião.

submetendo à escravidão um número incontável de judeus e crucificando cerca de dois mil"[51].

E o último versículo – "E insistiu para que Jesus não o expulsasse daquela região" – revela que, para Jesus, os romanos deveriam ser expulsos da Palestina, ocupada por eles desde o ano 63 a.C.

Os romanos, como todo povo impregnado de cultura imperial, miravam os outros povos com desdém, pois se julgavam muito superiores. Como hoje há quem nos EUA, país imperialista, julga que sua população é superior ao resto do mundo. Para os romanos, os judeus só eram úteis como escravos. Cícero (106-43 a.C.), em sua *Oratio Pro Flacco*, afirma que os judeus "são uma nação de malandros e enganadores" e sua religião "é bárbara e supersticiosa", o que constitui uma grave e injusta ofensa.

> *Ora, uma grande manada de porcos pastava ali, junto da montanha. Os espíritos impuros suplicaram: "Manda-nos para os porcos, para que entremos neles". Jesus atendeu. Então, os espíritos impuros saíram do homem e entraram nos porcos. E a manada, de uns dois mil porcos, precipitou-se da montanha e se afogou no mar.*

O gesto de Jesus foi de rejeição aos romanos. "Entrar nos porcos" significa que deveriam sair daquela terra e retornar à sua pátria.

O porco, animal que os judeus desprezam, era o símbolo da Décima Legião Romana estacionada na Síria[52]. O relato é politicamente enfático: os demônios são legião, a legião (tropas romanas) é demoníaca. Jesus associa uma coisa a outra. E o relato termina informando que os porcos endemoniados se afogaram

---

51. PAGOLA. Op. cit., p. 33, n. 8.

52. CARTER, W. *O Evangelho de São Mateus – Comentário sociopolítico e religioso a partir das margens.* São Paulo, Paulus, 2004, pp. 212-213.

"no mar". Referência ao Mar Mediterrâneo, pelo qual as guarnições de César chegavam à Palestina. E na memória dos ouvintes de Jesus um nítido paralelo com o episódio das tropas do faraó do Egito que, ao perseguir os hebreus em fuga, foram afogadas no Mar Vermelho (Êxodo 14,28).

> *Os homens que guardavam os porcos saíram correndo dali e espalharam a notícia na cidade e nos campos. As pessoas foram ver o que havia ocorrido. Ao se aproximar de Jesus viram o possesso sentado, já vestido e em perfeito juízo, ele que tinha sido possuído pela legião. E ficaram com medo. Os que tinham presenciado o fato contaram o que havia acontecido com o endemoniado e os porcos. Então pediram a Jesus que fosse embora daquela região.*

Perder uma vara de dois mil porcos, vê-la afogada no mar, é enorme prejuízo. Podemos imaginar a reação do dono dos porcos! No entanto, entre a propriedade e o ser humano, Jesus não teve dúvida. A vida do ser humano vale mais do que qualquer propriedade privada. É muito difícil para o sistema capitalista entender esse princípio evangélico, porque faz exatamente o contrário quando assassina ambientalistas, como ocorreu com Chico Mendes, no Acre, em 1988, para defender os latifúndios que derrubam a floresta amazônica.

As pessoas pediram a Jesus que se retirasse dali, com certeza para protegê-lo de uma possível vingança do dono dos porcos.

> *Quando Jesus entrava na barca, o homem que tinha sido libertado pediu-lhe permissão para acompanhá-lo. Jesus não admitiu e disse a ele: "Vai para casa, para junto de sua família, e conte tudo o que o Senhor, em sua misericórdia, fez por você". Então, o homem se retirou para a Decápolis e contou tudo o que Jesus havia feito por ele. E todos ficavam admirados.*

O homem curado quis se tornar discípulo de Jesus, que o aconselhou a permanecer em sua terra como testemunha dos sinais do Reino de Deus.

> *Quando Jesus chegou à margem oposta, mais uma vez se viu cercado por uma multidão. Um dos chefes da sinagoga, chamado Jairo, se aproximou e se lançou a seus pés, rogando: "Minha filhinha está morrendo. Venha, imponha as mãos sobre ela para que fique curada e viva". Jesus o seguiu, acompanhado da multidão que o comprimia.*

A teóloga Tereza Maria Pompéia Cavalcanti observa que "o emprego da palavra 'filhinha', em grego *"thygatrion"*, faz pensar que se trata de uma pequenina de 2 a 5 anos. Para Jairo, sua filha permanecia ainda muito pequena. Não lhe parecia fácil, talvez, admitir que ela crescesse e se transformasse em mulher adulta. Isto se passa com os pais: sofrem quando sua *filhinha* 'morre' para renascer como mulher adulta. Jesus, ao contrário, refere-se à menina como 'criança', em grego *'tó paidíon'* (v. 39), termo genérico, mas naquele momento ainda não vira a garota. Ao vê-la, chama-a de 'moça' [...]. Desta maneira, Ele assinalou a Jairo que aceitasse sua filha não mais como criancinha, mas como mulher que pode andar com suas próprias pernas"[53].

Vê-se que Jairo era importante, pois, além de "chefe da sinagoga", o nome dele chegou até Marcos que, como sabemos, não presenciou a atuação de Jesus. A caminho da casa dele, Jesus foi interrompido por uma mulher.

> *Ora, havia ali uma mulher que há doze anos sofria de hemorragia. Tinha consultado vários médicos e gastara todas as suas economias sem encontrar ne-*

---

53. "Relações interpessoais em uma narrativa do *Evangelho de Marcos*", artigo publicado na revista *Atualidade Teológica*, ano VI, 2002, fasc. 12, pp. 355-374.

nhum alívio; ao contrário, piorava cada vez mais. Tendo ouvido falar de Jesus, procurou-o no meio da multidão e tocou na roupa dele. Pensava consigo: "Ainda que eu toque apenas na roupa dele, estarei curada". No mesmo instante a hemorragia cessou e ela se sentiu curada. Jesus percebeu imediatamente que uma força tinha saído dele. Virou-se para a multidão e perguntou: "Quem tocou na minha roupa?" Os discípulos reagiram: "Essa multidão o comprime e ainda pergunta 'Quem me tocou'?" Jesus olhou em volta para descobrir quem tinha feito aquilo. A mulher, atemorizada, tremendo, sabia o que nela tinha ocorrido. Lançou-se aos pés de Jesus e se identificou. Ele lhe disse: "Minha filha, a sua fé curou-a. Vá em paz e fique boa dessa doença".

Ao contrário de Jairo – um dos raros nomes de pessoas estranhas à comunidade de discípulos citados por Marcos – essa mulher não tinha nome... Anônima, era explorada, pois "gastara todas as suas economias" em mãos de vários médicos incapazes de curá-la. Sem nada cobrar, Jesus a livrou da hemorragia, mas não atribuiu a cura a si, e sim a ela. O mérito foi dela: "a sua fé curou-a".

Marcos registra que Jesus chamou a mulher de "minha filha". Faz o contraste entre duas filhas: a de Jairo, que agonizava, e aquela mulher que não tinha ninguém por ela e, ainda assim, sua fé a encorajou a desafiar as Leis de Pureza, a multidão em torno de Jesus, a resistência dos discípulos, até atingir o seu objetivo, a ponto de Jesus acolhê-la como filha.

Vale sublinhar ainda que Jesus deu preferência à "anônima impura" que à filha do chefe de uma importante instituição religiosa. Jairo, com certeza, deve ter ficado aflito e indignado. Aflito, porque sua filha agonizava. Indignado, porque Jesus passou à frente dele a "anônima inoportuna" cuja força da fé Ele reconheceu.

Curioso observar que Jesus não disse "Filha, eu curei você". Ou "Deus curou você". Mas sim que ela foi curada por ter fé. No

Evangelho, crer significa entregar-se com confiança ao poder de Deus manifestado em Jesus.

As Leis da Pureza proibiam que um homem tocasse uma mulher que tivesse fluxo de sangue, ainda que fosse apenas menstruação. Embora estivesse à margem da sociedade devido à sua doença hemorrágica, desafiou os tabus da época e foi reintegrada por Jesus. Essa descrição dá a entender que Marcos quis marcar a posição de Jesus contra o Código da Pureza que segregava mulheres menstruadas.

Ao ser tocado por uma mulher "impura", Jesus também ficou "impuro", segundo a ótica das Leis da Pureza.

O relato comprova também a atenção prioritária de Jesus aos marginalizados. Ele interrompeu o atendimento a Jairo, chefe da sinagoga, para cuidar de uma mulher anônima, pobre, considerada impura. E tratou a mulher como "filha".

> *Enquanto Jesus ainda falava, chegou um parente do chefe da sinagoga e comunicou a Ele: "Sua filha morreu. Por que ainda incomoda o Mestre?" Ao ouvir isso, Jesus disse ao chefe da sinagoga: "Não tenha medo, apenas fé". E não permitiu que ninguém o acompanhasse, exceto Pedro, Tiago e seu irmão João. Ao chegar à casa do chefe da sinagoga, viu o transtorno; todos choravam e lamentavam. Jesus entrou e falou: "Por que toda essa choradeira? A menina não morreu. Ela dorme". Muitos começaram a zombar dele. Jesus mandou que todos saíssem, menos o pai e a mãe da menina e os três discípulos que o acompanhavam. Entraram no quarto onde a menina se encontrava. Ele segurou a mão dela e disse: "Talita cúmi", que significa: "Menina, fique de pé!" Imediatamente ela se levantou e começou a andar. Tinha doze anos. Todos ficaram admirados. Jesus recomendou com insistência absoluto sigilo sobre o que ocorrera e disse que dessem comida a ela.*

Jesus subverteu as Leis de Pureza que prescreviam a rigorosa proibição de tocar um corpo morto. Assim como tocou a mulher doente, segurou a mão da menina supostamente falecida. O toque físico, corporal, era uma das características da atuação salvífica de Jesus.

Há um detalhe que parece mera coincidência: a mulher padecia a doença há doze anos, e a menina, filha de Jairo, tinha doze anos. Na Bíblia, os números têm caráter simbólico. Marcos fez o contraste entre a idade da menina-moça, que ingressava no período fértil, e os doze anos de infertilidade da adulta. Como observa Tereza Cavalcanti, "as duas se encontram ameaçadas em sua vida sexual, na capacidade de unir-se a um homem e manter relações sexuais sadias. Ambas corriam o risco de jamais engravidarem. Ora, na sociedade judaica, uma mulher que não pudesse gerar filhos causava uma grande tristeza. Na cultura israelita, a esterilidade era interpretada como um castigo, uma maldição (cf. *Rute* 2,21). Portanto, o que une a hemorroíssa e a filha de Jairo é o comprometimento da saúde das duas enquanto mulheres, a interrupção do desenvolvimento integral e saudável da sexualidade de ambas. Jesus, contando com a fé de cada pessoa envolvida, proporcionou salvação às duas e lhes restituiu suas potencialidades como pessoas adultas, inclusive como seres humanos sexuados"[54].

Em todos os evangelhos há ecos do Primeiro Testamento. Os evangelhos são como um espelho mais nítido do que descrevem as Escrituras antigas. E querem sublinhar que, como os profetas de outrora, Jesus é um enviado de Deus, um novo Elias.

O texto do capítulo 17, versículos 17 a 24, do *Primeiro Livro dos Reis*, relata episódio semelhante. O profeta Elias ressuscitou o filho da viúva. Episódio similar é descrito no *Segundo Livro dos Reis*, capítulo 4, versículos 32 a 37.

---

54. Cf. art. cit.

A menina de doze anos havia morrido enquanto o pai fora em busca de Jesus que, ao saber do que se tratava, procurou tranquilizá-lo ao afirmar que ela apenas dormia. Ora, ao tocar um cadáver Jesus, mais uma vez, violou as Leis da Pureza e, aos olhos das autoridades político-religiosas, se tornou "impuro". Ao frisar "Não tenha medo, apenas fé", Jesus contrapôs o medo à fé.

Isso acontece em nossas comunidades (grupos, sindicatos, partidos, associações, ONGs etc.). Muitas vezes achamos que a militância morreu. O adversário ganhou. Surgem a desesperança, o desânimo, a vontade de desistir. Mas a fé em uma causa faz perceber que nosso movimento apenas "dorme". É isso que nos faz retomar a luta e prosseguir.

Capítulo 6

Jesus foi com seus discípulos a Nazaré, sua terra. No sábado, ensinou na sinagoga. Muitos o ouviam e, admirados, se perguntavam: "De onde ele tirou tudo isso? Como adquiriu tanta sabedoria? E esses milagres que opera? Ele não é o carpinteiro, filho de Maria, irmão de Tiago, José, Judas e Simão? Suas irmãs não moram aqui conosco?" Estavam perplexos.

Jesus tinha crescido em Nazaré, praticamente uma aldeia. E, no sábado, em todas as aldeias, povoados e cidades, muitas pessoas se reuniam na sinagoga. Era um lugar de culto que funcionava também como centro comunitário, onde se debatiam questões relativas à vida local.

Quando morei na favela de Santa Maria, em Vitória, havia um centro comunitário. Ali se reuniam, toda semana, os moradores do morro para tratar de temas coletivos, como rede de esgoto, coleta de lixo etc. Organizei e ensaiei um grupo de teatro formado por jovens da comunidade. Penso que as sinagogas da Galileia se prestavam ao mesmo multiuso.

O que Jesus disse naquele dia impressionou seus vizinhos, que não lhe davam muito valor. Talvez por ser filho de um operário da construção civil com uma camponesa. Aliás, Marcos registra que Ele era "filho de Maria", sem se preocupar se ela era ou não virgem.

A pergunta "ele não é o carpinteiro?" revela que Jesus também tinha o mesmo ofício de José, provavelmente como ajudante do pai nas obras de reconstrução de Séforis e construção de Tiberíades, inaugurada quando Jesus tinha seus 20 anos. Marcos é o único evangelista que situa Jesus profissionalmente.

Além de ter irmãs, Jesus tinha também irmãos bem conhecidos no povoado: Tiago, José, Judas e Simão. A tradição protestante considera que eram, sim, irmãos e irmãs de sangue de Jesus. Já a católica alega que Maria não teve outro filho senão Jesus, e que as pessoas citadas eram parentes próximos, quem sabe primos-irmãos.

> *Jesus disse a eles: "Um profeta só não é estimado em sua terra, entre seus parentes e na própria casa". Não fez ali milagre algum. Curou apenas alguns poucos enfermos, pondo as mãos sobre eles. Preocupou-se com a falta de fé deles.*

Por que Jesus não pôde fazer milagres em Nazaré? Porque não havia fé, como assinala o último versículo. Assim também muitos de nossos projetos sociais e políticos fracassam por falta de convicção no empenho em alcançá-los.

Quando deixei a prisão, em fins de 1973, recebi muita pressão para ficar um tempo fora do Brasil até a ditadura militar amainar ou cessar. Pressão da Igreja, da família e da própria repressão que me manteve sob vigilância por vários anos. A hipótese de me exilar nunca me atraiu. Receava sair do país e tão cedo não poder regressar. E o Brasil era e é o meu campo de atuação. Decidi, pois, permanecer, não por coragem, mas por fé nos ideais que abracei.

Na prisão, eu e outros companheiros e companheiras fizemos autocrítica quanto à nossa forma de atuar antes da queda. Tínhamos teorias (revolucionárias), recursos (obtidos de expropriações bancárias), armas (tomadas das forças de segurança) e coragem, muita coragem. Contudo, faltava o principal – o apoio popular. Deixei a prisão convicto de que o mais importante era mergulhar no trabalho de base. Na favela de Vitória e, a partir da diocese capixaba, durante cinco anos me dediquei ao trabalho de base de formação e fortalecimento das Comunidades Eclesiais de Base[55]. A fé nesse projeto ajudou a mim e a tantos outros acrescentar um tijolinho no processo que levou à derrubada da ditadura, em 1985.

> *Jesus percorria e ensinava nas aldeias vizinhas. Chamou os Doze e passou a enviá-los dois a dois. Deu a eles o poder sobre os espíritos impuros. Ordenou que não levassem coisa alguma pelo caminho, apenas um bastão; nem pão, sacola ou dinheiro no cinto. Como calçado, somente sandálias, e não carregassem duas túnicas. E recomendou: "Ao entrar em uma casa, fiquem nela até o momento de partir. Se em algum lugar não forem bem recebidos e nem quiserem escutá-los, sacudam a poeira dos pés como protesto".*

Uma característica do Movimento de Jesus é o despojamento de seus participantes. Um dos sinais de que o Reino já se inicia é quando partilhamos com o próximo o que possuímos, de modo que todos, filhos e filhas de Deus, vivam como irmãos e irmãs uns dos outros. O projeto do Reino, na perspectiva de Jesus, devia ser implantado de baixo para cima, de modo a criar raízes, como cabelo, e não como peruca, de cima para baixo, sem raízes.

O fato de Jesus exigir que não levassem pão, sacola e dinheiro revela que, na opinião dele, os discípulos deveriam confiar na acolhida das pessoas que abririam a eles as portas de seus corações e de suas casas. Isso acontece aqui no Brasil nos encontros do Movimento Fé e Política, que reúnem em média cinco mil pessoas. Não vão para hotéis, pensões ou hospedarias. São acolhidas nas casas de famílias que participam de paróquias e Comunidades Eclesiais de Base.

---

55. Cf. meu livro *O que é Comunidade Eclesial de Base*. São Paulo: Brasiliense [Coleção Primeiros Passos].

Jesus quis que os participantes de seu movimento confiassem na hospitalidade e na partilha. E acolhessem os excluídos. Esses são sinais do Reino de Deus, do novo projeto civilizatório que veio semear.

Este relato de Marcos demarca uma mudança: a partir de agora não era mais Jesus que agia sozinho. Os discípulos, já formados, estavam aptos a fazer o mesmo. E passou a enviá-los "dois a dois"[56]. Pagola admite que "não se pode descartar que talvez tenha enviado também algum casal de esposos ou de um varão e uma mulher"[57].

> *O rei Herodes ouvira falar de Jesus, cujo nome se tornara famoso. Alguns comentavam: "João Batista ressuscitou dos mortos e, por isso, o poder de fazer milagres opera nesse homem". Outros afirmavam: "É Elias!" E diziam também: "Ele é um profeta como os antigos". Ao ouvir tais comentários, Herodes se convenceu: "É João Batista. Mandei cortar a cabeça dele, mas ele ressuscitou!"*

Não confundir este "rei Herodes" com Herodes, o Grande, que reinou sobre a antiga Palestina entre 37 a.C. até morrer, em 4 a.C. (ano em que Jesus nasceu). Em seu testamento, repartiu o reino entre os filhos Arquelau, Antipas e Filipe. O primeiro ficaria com a Judeia, Samaria e Idumeia. Antipas, com a Galileia e Pereia. E Filipe, com Itureia, Traconítides, Abilene e Panias. Arquelau ficou pouco tempo no poder. Roma o destituiu devido às frequentes revoltas populares provocadas pela crueldade de seu governo.

---

56. "Como as guerrilhas modernas, p. ex., os discípulos de Jesus estão sujeitos às convicções sociais e políticas da população local, que determinarão se serão ou não 'recebidos' – sempre bom teste sobre a 'base popular' de alguém. [...] Isso deixa os missionários completamente vulneráveis diante da hospitalidade que lhes é oferecida e dependentes dela e, evidentemente, os exclui da possibilidade de serem capazes de expor seus pontos de vista pela força" (MYERS. Op. cit., p. 263).

57. Op. cit., p. 279. Cf. tb. *Primeira Carta aos Coríntios* 9,5.

A Galileia, terra de Jesus, coube a Herodes Antipas. Ele havia sido educado em Roma, na corte imperial. Talvez por isso Marcos o qualifica como "rei" que, a rigor, ele não era, embora vivesse como tal, e sim governador da Galileia, dotado porém de poderes despóticos.

A fama de Jesus logo se espalhou pela região. Na época, muitos acreditavam em reencarnação. Por isso, uns opinavam que Jesus era João Batista reencarnado; outros, o profeta Elias, que viveu no reino de Israel no século IX a.C. e cuja atuação está relatada no *Livro dos Reis*, no Primeiro Testamento.

> *De fato, Herodes mandara prender João e acorrentá-lo no cárcere por causa de Herodíades, mulher de seu irmão Filipe[58], com quem ela tinha se casado. João havia dito a Herodes: "Não é permitido se casar com a mulher de seu irmão".*

O poder leva alguns homens e mulheres a perderem a medida das coisas. De autoritários tornam-se ditadores, implícitos ou explícitos. Passam a acreditar que são deuses, podem tudo. Por isso, se empenham em se perpetuar no poder. Ou pela ditadura ou por eleições sucessivas, em geral fraudadas.

Herodes não gostou quando João o denunciou por abuso ao decidir se casar com a cunhada. Mandou prender o Batista na fortaleza de Maqueronte. É óbvio que Herodes não se inquietou apenas com uma questão de ética pessoal. Sabia que João, que gozava de grande prestígio popular, tinha "olhos para ver" e, portanto, poderia denunciar seus abusos e desmandos. No Brasil, Chico Mendes († 1988) e Marielle Franco († 2018) foram assassinados no intuito de calarem suas vozes proféticas. Ele defendia uma reforma agrária sem devastação da floresta, e a verea-

---

58. Filipe, filho do rei Herodes e de Cleópatra, e tetrarca de Itureia e Traconítides, era irmão de Herodes Antipas por parte de pai.

dora investigava abusos das Forças Armadas e da polícia na área de segurança pública no Rio.

> *Por isso, Herodíades odiava João e queria matá-lo, mas não sabia como fazê-lo, porque Herodes o respeitava, sabia que ele era homem justo e santo; até o protegia e gostava de conversar com ele, embora se sentisse embaraçado com o que João dizia.*

Apaixonada pelo governador da Galileia, Herodíades tinha ódio de João Batista porque ele se atreveu a criticar a relação dos dois. Além disso, suas denúncias poderiam prejudicar o governante. Mas, para eliminá-lo, Herodíades precisava contar com a cumplicidade do marido. E este nutria certa simpatia por João, como muitos poderosos procuram se aproximar de figuras populares (astros de futebol, música, cinema etc.) a fim de cooptá-los. Marcos registra que não havia compatibilidade de ideias entre João e o governador. Herodes Antipas se sentia "embaraçado com o que João dizia". Ora, o Batista não temia dizer-lhe a verdade. A verdade dói, e muito, para quem vive na mentira.

> *Chegou, porém, um dia oportuno. Herodes, por ocasião de seu aniversário, promoveu um banquete oferecido aos grandes de sua corte, a seus oficiais e aos cidadãos mais importantes da Galileia.*
> *A filha de Herodíades se apresentou para dançar, para agrado de Herodes e de seus convidados. O rei disse à moça: "Peça o que quiser e darei a você". E jurou: "Darei tudo que pedir, ainda que seja a metade do meu reino".*

Enquanto a maioria da população vivia na pobreza, o governador tinha o descaramento de, com grande fausto, promover banquetes. E, é óbvio, convidava seus assessores mais diretos, os comandantes de sua guarda e os "cidadãos mais importantes da Galileia". Como acontece ainda hoje nos palácios de governantes.

Para agradar seu novo amor, Herodíades sugeriu à filha, possivelmente uma exímia bailarina, que se apresentasse aos convidados. Herodes Antipas ficou tão satisfeito com o desempenho da moça que, para manifestar sua gratidão, prometeu dar a ela o que pedisse. A afirmação de que daria "a metade" do seu reino me leva a concluir que o governador já estava bêbado e, quando alguém se encontra nesse estado, é capaz de dizer qualquer bobagem, até mesmo prometer a uma bailarina que fará dela uma rainha.

> *A moça se afastou e consultou a mãe: "O que devo pedir?" A mãe opinou: "A cabeça de João Batista". A moça retornou depressa ao salão e pediu ao rei: "Quero que me ofereça agora, numa bandeja, a cabeça de João Batista".*
> *O rei ficou triste. Mas como havia prometido diante de seus convidados, preferiu não recusar. Imediatamente mandou um soldado decapitar João. O soldado foi à prisão e cortou a cabeça do prisioneiro. Em seguida, trouxe-a num prato, entregou à moça, e esta repassou à sua mãe. Ao saber disso, os discípulos de João foram buscar o corpo para sepultá-lo.*

Vê-se que a dança da moça[59] fazia parte de uma conspiração e ela conseguiu o que a mãe tanto queria: a morte de João Batista. Reafirma o que diz o ditado, "palavra de rei não volta atrás".

Detalhe curioso: "os discípulos de João foram buscar o corpo para sepultá-lo". O que demonstra que João manteve seguidores que não se integraram ao Movimento de Jesus.

É emblemático o fato de Marcos ter intercalado o assassinato de João Batista entre dois relatos sobre a missão dos discípulos. Isso demonstra que o evangelista quis enfatizar que os discípulos de Jesus, em todas as épocas, correm o risco de sofrer o mesmo destino do Batista. Lembro que Marcos redigiu seu rela-

---

59. Nenhum dos evangelhos diz que a bailarina se chamava Salomé. Este nome aparece no texto do historiador judeu do século I, Flávio Josefo.

to evangélico já sob o impacto da cruel perseguição de Nero aos cristãos, no fim da década dos anos 60. A mensagem de Jesus é sempre incômoda aos poderosos. O que significa que no horizonte do discipulado desponta a cruz.

> *Os apóstolos retornaram para junto de Jesus e contaram tudo o que haviam feito e ensinado. Jesus convocou-os: "Vamos sozinhos a um lugar deserto para descansar um pouco". Havia muita gente que chegava e saía, e eles nem tinham tempo para comer.*

A partir de certo momento, a militância de Jesus já não dependia apenas do protagonismo dele, pois havia partilhado o poder. Os apóstolos tinham recebido formação e saíram em campo. Ao retornar, prestaram contas ao Mestre, que considerou que eles mereciam descansar. Porém, muita gente queria se aproximar de Jesus, e Ele e seus companheiros "nem tinham tempo para comer".

> *Foram de barca para um lugar deserto e afastado. Mas o povo viu quando partiram e percebeu para onde se dirigiam. Então, de todas as cidades, muitas pessoas fizeram o mesmo percurso e chegaram lá primeiro.*

O assédio continuou. O povo não deixava em paz o grupo de Jesus. A novidade tinha grande força de atração: em nome de Deus, Jesus convencia doentes e pobres de que não eram "impuros". Deslocava os marginalizados para o centro. As portas do Reino se abriam a eles.

> *Ao desembarcar, Jesus viu uma grande multidão e teve compaixão, porque pareciam ovelhas sem pastor. Começou a ensinar-lhes muitas coisas.*

"Teve compaixão." O verbo grego usado por Marcos é *splanchnizomai* e significa "movido por uma compaixão que brota das vísceras". Foi muito forte a empatia sentida por Jesus diante daquela gente desamparada, "ovelhas sem pastor".

Isso remete à fala de Moisés ao pedir a Deus um sucessor, "para que a comunidade de Javé não fique como rebanho sem pastor" (*Números* 27,17). O escolhido foi Josué. Os nomes Josué e Jesus coincidem. Jesus pode ser identificado como sucessor de Moisés. "Mais ainda: o próprio nome *Jesus*, baseado na transliteração grega do nome hebraico *Jehoshua* – assim como o nome *Josué* (transliteração portuguesa do mesmo nome hebraico) – significa *o Senhor salva*"[60].

"E começou a ensinar-lhes muitas coisas", registra Marcos. Porém, não nos diz o que Jesus ensinou. Optou por nos transmitir as lições de Jesus ao descrever *o que Ele fez*, e não tanto o que Ele falou. A práxis fala mais alto do que a palavra. Ao relatar a prática de Jesus, o evangelista nos comunica os ensinamentos do Nazareno.

> *Já estava ficando tarde, quando os discípulos sugeriram a Jesus: "Este lugar é deserto e já é tarde. Despede essa gente para que possa ir aos campos e povoados vizinhos comprar o que comer". Jesus retrucou: "Vocês é que devem dar a eles o que comer".*

Como anoitecia, os discípulos, diante da multidão desamparada, optaram pela sugestão mais cômoda – despedir todos para que fossem comprar algo para comer. Atitude muito em voga ainda hoje, quando alguns pregadores cristãos proclamam palavras de vida eterna e se calam diante das necessidades de sobrevivência das pessoas. Alegam que a Igreja nada tem a ver com as carências do povo e os problemas sociais. Dizem que isso é problema do Estado ou do governo. Assim, muitos cristãos cruzam os braços diante de multidões sem teto, sem terra e sem trabalho.

Qual foi a reação de Jesus? Exatamente contrária à sugestão dos discípulos. "Vocês devem dar a eles o que comer". Ou seja, a fome do povo também é problema que a Igreja e os cristãos devem

---

60. FERNANDES; GRENZER. *Evangelho Segundo Marcos*, p. 114.

enfrentar e buscar soluções. Não bastam projetos técnicos e planos econômicos para assegurar alimentos a todos. É fundamental pressionar os governos para que os direitos mais elementares da população – alimentação, saúde e educação – sejam prioridades no orçamento e na administração.

> *Os discípulos indagaram: "Devemos comprar duzentos denários de pão para dar a eles de comer?" Jesus perguntou: "Quantos pães vocês têm? Vão ver". Eles conferiram e disseram: "Cinco pães e dois peixes".*

A segunda reação dos discípulos foi assistencialista. Vamos tirar duzentos denários de nossa caixa comum para comprar alimentos para toda essa gente? Atitude de quem acredita que os problemas sociais podem ser solucionados com donativos.

Nos primeiros meses da pandemia de Covid-19, o *Jornal Nacional* da TV Globo apresentava, toda noite, um quadro intitulado *Solidariedade*. Presidentes e diretores de grandes empresas contavam como suas corporações aliviavam a carência dos mais pobres com doações de cestas básicas e produtos de limpeza e higiene. Em nenhum momento se perguntavam: por que tantas pessoas vivem na pobreza? Quais as causas do desamparo? Por que o capitalismo gera tanta exclusão social?

O denário era a moeda de maior circulação no Império Romano. Feita de prata, trazia, de um lado, a efigie do imperador; em torno de sua cabeça, a inscrição: "Tibério César, Filho Augusto do divino Augusto. *Pontifex Maximus*" (que significa Pontífice Máximo, sumo sacerdote, epíteto aplicado, mais tarde, ao papa). Do lado inverso, a imagem de Lívia, mãe do imperador, sentada, segurando um ramo e um cetro.

Os judeus repudiavam o denário por expressar o domínio romano e o culto pagão ao imperador. Um denário equivalia ao salário diário de um trabalhador. Portanto, o preço de alimentos para toda aquela gente representaria muitos dias de trabalho.

A lógica do Reino (partilha) diferia da lógica economicista dos discípulos (compra). Jesus não quis saber quanto dinheiro eles tinham. O raciocínio deles era o mesmo que, ainda hoje, encontramos com frequência – "tenho pena dos pobres. Se eu fosse rico ou ganhasse na loteria, procuraria ajudá-los". Como se a pobreza no mundo resultasse da falta de dinheiro. Resulta da falta de justiça, de partilha. O Brasil, por exemplo, pode não ter dinheiro, mas tem bens, é um dos quatro maiores produtores de alimentos do mundo, o primeiro em produção de carne e frutas e, no entanto, há famílias que passam fome e crianças desnutridas.

Portanto, a lógica de Jesus levou-o a perguntar: quantos bens temos? Os discípulos verificaram que dispunham de cinco pães e dois peixes. Aqui entra o mesmo fator que analisamos ao tratar dos 40 dias que Jesus passou no deserto, onde foi tentado, e o significado do número 40 na tradição bíblica.

Ora, 5 pães + 2 peixes = 7. Se escrevo 8, todos sabem que se trata de oito unidades. Se escrevo ∞ (o 8 deitado), muitos sabem que não se trata de má caligrafia, e sim do símbolo de infinito. Ora, assim como o 8 deitado significa infinito, na Bíblia o 7 significa *muitos*, o que não se pode contar. Na primeira página do *Gênesis* (2,2), consta que Javé criou o mundo em sete dias. Isso quer dizer que a Criação se deu num longo processo evolutivo.

No mesmo *Gênesis* (41,1-7) consta que o faraó do Egito sonhou ver sete vacas gordas e sete magras; sete espigas de trigo bonitas e sete mirradas, simbolizando que após um período de fartura viria outro de seca e penúria. No *Evangelho de Mateus* (18,22), Jesus afirma que os nossos pecados serão perdoados não apenas sete vezes, "mas até setenta vezes sete", para expressar a misericórdia infinita de Deus.

Em suma, havia ali – onde se encontravam Jesus e os discípulos com a multidão (cinco mil pessoas, informa Marcos no fim do episódio) –, muitos pães e muitos peixes. Isso parece óbvio.

Se, hoje, uma multidão se reunir na praça principal da cidade, imediatamente surgem vendedores ambulantes com as mais variadas ofertas: cachorro-quente, pastel, empada, doce, refrigerante etc. O mesmo ocorreu provavelmente na ocasião. A diferença é que não havia carrinhos para transportar pães e peixes. Foram levados em cestos.

Herodes Antipas promoveu, com os grandes da Galileia, o banquete da morte, onde se tramou o assassinato de João Batista. Jesus promoveu, com o povo faminto, o banquete da vida, onde ocorreu o "milagre" da partilha de bens.

> *Jesus pediu que todos, divididos em grupos, sentassem no chão. Todos se sentaram formando grupos de cem e cinquenta.*

A pedagogia de Jesus com certeza inspirou o educador Paulo Freire, que era cristão e adepto da Teologia da Libertação. Para que o povo solucionasse o problema da fome, Jesus recusou a proposta dos discípulos de *comprar* alimentos e sugeriu que todos se organizassem para *partilhar*. E todos formaram "grupos de 100 e de 50". Sem organização, não há mobilização. E sem mobilização, os problemas não encontram solução.

> *Então, Jesus tomou os cinco pães e os dois peixes, ergueu os olhos ao céu, abençoou-os, partiu-os e deu a seus discípulos para que distribuíssem. Repartiu também os dois peixes entre todos. As cinco mil pessoas comeram e ficaram saciadas. E ainda foram recolhidos doze cestos cheios de pedaços de pão e de peixes.*

No tempo de Jesus, como ainda hoje em muitos lugares e famílias, era costume orar antes de comer. Detalhe interessante – "ainda recolheram doze cestos cheios de pedaços de pão e de peixes". Ora, se ao final os alimentos que sobraram encheram doze cestos, isso prova que havia ali muito mais pães e peixes a serem vendidos à multidão.

Alguém poderia objetar que nego o milagre da multiplicação dos pães e dos peixes. Notem que, em nenhum momento aparece, no relato de Marcos, a palavra *multiplicação*. Isso aparece em intertítulos de algumas edições do Novo Testamento. E intertítulos não fazem parte dos textos dos evangelhos. São acréscimos feitos pelos editores para facilitar a leitura. Na Bíblia que utilizo agora o intertítulo é bem mais condizente com o episódio narrado: *O banquete da vida*.

Não houve mágica, e sim milagre. Milagre é o poder divino de alterar o rumo natural das coisas. Esse poder age sobretudo no coração humano. Portanto, houve sim milagre[61]. Jesus induziu os vendedores ambulantes, portadores de cestos, a partilharem seus bens: os pães e os peixes.

Como os autores dos evangelhos conduziram suas narrativas de olho no espelho retrovisor, de modo a relacionar a atividade de Jesus com fatos precedentes contidos no Primeiro Testamento, esse episódio da partilha de pães e peixes encontra paralelo no *Segundo Livro dos Reis* (4,42-44), quando o profeta Eliseu motivou 100 pessoas a partilhar 20 pães, e ainda sobrou.

Vale observar que todos os milagres de Jesus foram de *revitalização de algo preexistente*: a menina ressuscita; o mudo volta a falar; o cego passa a enxergar. Não há nenhum milagre de *acréscimo* como, por exemplo, encontrar um homem que não tinha um braço e fazer o "milagre" de ele recuperar o membro.

> *Em seguida, Ele ordenou aos discípulos entrarem na barca para que chegassem antes dele à outra margem, junto a Betsaida, enquanto despedia o povo. E subiu à montanha para orar.*

---

61. "O único "milagre" aí é o triunfo da economia de partilha dentro de uma comunidade de consumo..." (MYERS. Op. cit., p. 255).

Betsaida era, outrora, uma aldeia de pesca na foz do Rio Jordão. Foi reconstruída e se tornou uma cidade helenista denominada Betasaida Júlia pelo rei Herodes.

> *Ao anoitecer, a barca se encontrava no meio do lago, e Ele sozinho em terra. Vendo os discípulos fatigados de tanto remar, pois o vento lhes era contrário, foi ao encontro deles entre três e seis horas da madrugada, andando sobre a água, como se fosse passar na frente deles. Ao avistarem Jesus caminhando sobre a água, pensaram que fosse um fantasma e começaram a gritar, pois todos ficaram apavorados ao vê-lo. Mas Jesus logo falou: "Coragem! Sou eu, não tenham medo". Entrou na barca e se uniu a eles. O vento parou.*

Jesus gostava de buscar a solidão para orar. Por isso ficou em terra, enquanto os discípulos embarcaram para fazer a travessia do lago. De madrugada, Jesus os avistou lutando contra o vento. E caminhou ao encontro deles. Possivelmente o fez por uma área do lago que dava pé. O que gerou nos discípulos, tomados de cansaço e sonolência, a impressão de que o Mestre caminhava sobre as águas. Além disso, eles não tinham entendido a partilha de pães e peixes. Aquilo impactara a lógica deles. E, em plena madrugada, encararam Jesus como um ser de outro mundo, "um fantasma". Ora, Jesus não necessitava apelar para gestos espetaculosos a fim de implantar a proposta do Reino. Porém, quando nutrimos muita admiração por alguém, nossa tendência é atribuir-lhe atitudes excepcionais.

> *Os discípulos ficaram ainda mais espantados, inclusive porque não tinham entendido o episódio dos pães. Seus corações estavam insensíveis.*

Marcos registra que os discípulos "não tinham entendido o episódio dos pães". Não era fácil para eles captar a lógica do Reino, a exigência da partilha, como ocorre em algumas sociedades, como as indígenas. Essa lógica surpreende quem vive em uma sociedade de acumulação e não de partilha.

> *Terminada a travessia, chegaram à região de Genesaré, onde aportaram. Assim que saíram da barca, o povo reconheceu Jesus. De toda aquela região os doentes eram trazidos em macas, levados para o local em que Jesus se encontrava. Onde quer que Ele entrasse, em campos, povoados ou cidades, colocavam os enfermos nas ruas e pediam-lhe que deixasse tocar ao menos na barra de sua roupa. E todos que tocavam Jesus ficavam curados.*

A popularidade de Jesus se espalhou rapidamente por cidades e povoados situados em torno do Lago da Galileia. Era alguém que tornava "puros" os "impuros". Fazia o povo mirar Deus por outra ótica, não a das Leis da Pureza e do castigo, e sim a da partilha e do amor.

Capítulo 7

> *Fariseus e alguns escribas, vindos de Jerusalém, tinham se reunido em torno de Jesus. Notaram que alguns dos discípulos dele comiam* pão *sem antes lavar as mãos. De fato, os fariseus e os judeus apegados à tradição dos antigos não comem sem antes lavar cuidadosamente as mãos. E quando voltam do mercado, não comem sem antes se lavar. E seguem muitos outros costumes tradicionais, como o modo correto de lavar copos, jarros e vasilhas de metal.*

Diante do crescente prestígio de Jesus, Jerusalém enviou à Galileia uma comitiva de investigadores integrada por fariseus e escribas. O que o Nazareno andava aprontando? Será que ele e seus discípulos cumpriam os preceitos da Lei Mosaica? Viram logo que não. "Discípulos dele comiam pão sem antes lavar as mãos", registra Marcos. Com lupa, os investigadores logo descobriram uma infração do grupo de Jesus. Ao não lavar as mãos antes de comer, violavam as Leis da Pureza, que exigia rigor na limpeza. Por isso, as pessoas lavavam repetidamente mãos, pratos e talheres. Com o mesmo cuidado que aprendemos a fazer durante a pandemia de Covid-19, para evitar a transmissão do vírus.

A palavra "escriba" significa aquele que sabe escrever. Assim eram tratados os teólogos do tempo de Jesus, conhecidos como "escribas" ou "doutores da Lei". Como a maioria do povo era analfabeta, eles se destacavam como intérpretes da Lei de Moisés. E constituíam o corpo intelectual e administrativo do Templo de Jerusalém. Davam a palavra final quanto à interpretação da Torá.

Funcionavam como uma Suprema Corte, que hoje decide qual a interpretação correta da Constituição.

Os fariseus eram estritos observadores da "tradição dos antigos" – nome que Marcos deu ao Código da Pureza descrito nos livros *Levítico* e *Números*, do Primeiro Testamento. Enquanto os fariseus raciocinavam na chave puro x impuro, Jesus raciocinava na chave justo x injusto.

> *Os fariseus e os doutores da Lei perguntaram a Jesus: "Por que seus discípulos não seguem os costumes antigos, e comem pão sem lavar as mãos?" Jesus retrucou: "Isaías estava cheio de razão, seus hipócritas, ao profetizar sobre vocês: 'Este povo me honra com os lábios, mas seu coração está longe de mim. Não adianta nada me prestarem culto, porque ensinam preceitos meramente humanos'. Vocês abandonam a vontade de Deus para se apegar à tradição dos homens".*

Jesus jamais rejeitou ou negou o Judaísmo. Não criticou a religião do Primeiro Testamento; ao contrário, se revelou seu melhor intérprete. O que criticou foi a aristocracia religiosa que, em proveito próprio, deturpava a Lei de Moisés e o ensinamento dos profetas.

A tentativa de incriminar Jesus ao catarem piolho em cabeça de alfinete o irritou. Chamou-os de hipócritas, terem duas caras, falar uma coisa e fazer outra[62]. E, em vez de se defender, Jesus apelou para uma citação de alguém que eles respeitavam, o profeta Isaías. Já nos tempos antigos, Isaías tinha denunciado aqueles que honram a Deus com os lábios, mas o coração está distante da vontade divina. Aqueles que, movidos por interesses escusos, se encobrem invocando o nome de Deus.

---

62. O termo grego *hypokrités* designa literalmente um "ator teatral". No teatro grego designava também o ator ou o coro que desdizia o que se falava no palco. De forma que os *hypokritai*, aos quais Jesus se referia, são pessoas que não buscavam a honra de Deus, e sim alcançar a própria honra.

E Jesus acrescentou: "Na realidade, vocês descartam o mandamento de Deus para impor a própria tradição. Moisés ordenou: 'Honra seu pai e sua mãe'; e 'Todo aquele que amaldiçoar pai ou mãe seja morto'. Vocês, porém, ensinam que fica dispensado de ajudar aos pais quem disser a eles que o dinheiro que poderia auxiliá-los é Corban, deve ser ofertado a Deus. Assim esvaziam a Palavra de Deus com a tradição que vocês transmitem. E fazem ainda muitas coisas como essa".

Jesus, ao contrário do que muitos pensam, procurou fortalecer os laços familiares. Por isso, censurou os fariseus e doutores da Lei por agirem segundo a "tradição", e não de acordo com o projeto de Deus na história humana. Eles convenciam os fiéis a sonegarem o dinheiro necessário ao sustento da família para entregá-lo, como dízimo, à sinagoga ou ao Templo. Engordar o caixa da instituição era mais importante do que assegurar condições dignas de vida à família. Em suma, os fiéis eram extorquidos por seus pastores.

Em seguida, Jesus convocou o povo a ensinar: "Ouçam todos e entendam: nada há fora da pessoa que, ao entrar nela, a torna impura; o que sai de dentro dela é que a torna impura. Quem puder entender isso, que entenda".

Aqui Jesus revogou definitivamente as Leis da Pureza. Manifestou-se abertamente contra os fariseus e doutores da Lei. Impuro é o que sai da mente, do coração e da boca de uma pessoa: ofensas, injúria, difamação, falso testemunho, mentiras etc.

Quando se afastou do povo e entrou em casa, os discípulos lhe perguntaram sobre a parábola. Jesus reagiu: "Será que nem vocês entendem? Não compreendem que tudo o que vem de fora e entra na pessoa não pode torná-la impura? Porque não entra no coração dela, entra no ventre e dali vai para a fossa sanitária". Assim Jesus afirmava que todos os alimentos são puros. E acrescentou: "Ora, é o que sai da pessoa que a torna impura. Porque é de dentro do coração das pessoas que procedem maus pensamentos, devassidões, roubos, assassinatos, adultérios, cobiças, perversidades, fraudes, desonestidade, inveja, difamação, orgulho e falta de juízo. Todas essas coisas más saem de dentro da pessoa e a tornam impura".

Os discípulos, educados naquela cultura religiosa impregnada de preceitos das Leis da Pureza, mostraram-se confusos diante do novo ensinamento trazido por Jesus. Em casa, pediram a Jesus explicar-lhes como, em nome de Deus, inverter daquele modo os preceitos. Jesus respondeu-lhes: é o que sai do coração das pessoas que as torna impuras. Além disso, criticou a ideia de que há alimentos "puros" e "impuros". Todos os alimentos são puros, embora possam não ser saudáveis, dependendo de como foram feitos, do estado em que se encontram ou se consumidos em excesso.

Em resumo, o que torna uma pessoa "impura" não é o modo como se higieniza ao tomar a refeição, e sim o fato de se negar a partilhar com quem padece fome. Isso não significa a atitude ingênua de chamar o mendigo da esquina para tomar assento na mesa da família. No dia seguinte, ele terá fome. Significa comprometer-se com a luta de todos os movimentos sociais que almejam uma sociedade na qual não haja ninguém desprovido de direitos fundamentais, como alimentação, saúde e educação.

Em seguida, deixou aquele lugar e foi para a região de Tiro e Sidônia. Foi a uma casa, e não queria que ninguém soubesse que estava ali. Mas não pôde ficar oculto, pois uma mulher, cuja filha possuía um espírito impuro, logo que soube da presença dele ali, entrou e caiu a seus pés. A mulher era pagã, nascida na Fenícia da Síria. Ela suplicou-lhe que expulsas-

se o demônio de sua filha. Disse-lhe Jesus: "Deixa que, primeiro, os filhos fiquem saciados, porque não está certo tirar o pão dos filhos e atirá-lo aos cachorrinhos". Ela respondeu: "É verdade, Senhor; mas também os cachorrinhos comem, debaixo da mesa, as migalhas que as crianças deixam cair". Jesus reagiu: "Por causa do que acaba de dizer, pode voltar para casa; o demônio já saiu de sua filha". Ela retornou à casa e encontrou a menina deitada na cama. O demônio havia saído dela.

Jesus se cansava do assédio. Buscou ficar um pouco a sós para repousar nas imediações de Tiro e Sidônia, duas cidades ricas situadas na costa fenícia. Por isso, refugiou-se em uma região pagã. Como toda pessoa famosa, ansiava por um período de anonimato em local onde pudesse estar sem ser reconhecido. Mas era difícil sua presença passar despercebida naquela região. Por isso a mulher "pagã" foi atrás dele em busca de socorro para a filha doente.

Ele, contudo, tinha vindo para, em primeiro lugar, atender o povo da "casa de Israel", ou seja, oxigenar a prática esclerosada da religião judaica. E, na época, aqueles que não eram judeus – chamados de pagãos – costumavam ser desdenhosamente tratados como "cães", assim como o nazismo tratou os judeus como "ratos". Por isso, Jesus usou a metáfora do pão (nos evangelhos, diversas vezes Jesus se compara ao pão) que deveria ser dado aos filhos de Javé, os judeus. A mulher, contudo, não se intimidou. Reagiu em sua sabedoria ao responder que "cachorrinhos" comem migalhas caídas da mesa dos filhos. Foi o suficiente para Jesus fazer autocrítica, voltar atrás no que havia falado e curar a filha dela. Jesus se deixou ensinar por uma mulher... e uma mulher pagã! Isso era totalmente insólito naquela cultura patriarcal.

Contudo, não nos basta considerar a atitude de Jesus apenas um gesto de humildade. Foi muito mais do que isso, significou uma quebra de paradigma. Na cultura palestinense, a mulher não tinha nenhum valor. Jamais era dada razão a ela. Portanto, há no episódio uma verdadeira revolução no que concerne às relações de gênero. Para um judeu do século I era inadmissível que Jesus fosse superado por uma mulher em um debate verbal.

> *Jesus saiu de novo da região de Tiro, passou por Sidônia e prosseguiu para o Lago da Galileia, atravessando a região da Decápolis. Apresentaram-lhe um surdo-mudo e rogaram-lhe que lhe impusesse a mão. Jesus se afastou com ele para longe do povo, pôs os dedos nos ouvidos dele e tocou-lhe a língua com saliva. Ergueu os olhos ao céu, deu um suspiro e disse: 'Éfeta!', que significa 'Abra-se!' No mesmo instante os ouvidos do homem se abriram, sua língua se soltou e ele começou a falar sem dificuldade. Jesus recomendou-lhe com insistência que não dissesse nada a ninguém. No entanto, quanto mais Ele recomendava, mais as pessoas divulgavam. Muito impressionados, comentavam: "Ele faz bem todas as coisas. Faz os surdos ouvirem e os mudos falarem!"*

De novo, Jesus contrariou as Leis da Pureza: cuspiu nos próprios dedos e, com a saliva (considerada contagiosa pela lei), tocou no ouvido e na língua do homem duplamente "impuro", por ser portador de deficiência física e pagão. E, para não acirrar os ânimos das autoridades, pediu ao beneficiado pela cura que "não dissesse nada a ninguém". Mas o homem não se conteve e saiu divulgando o que lhe acontecera, feliz por poder escutar e falar.

Capítulo 8

Naqueles dias, juntou-se de novo uma grande multidão, e as pessoas não tinham o que comer. Jesus convocou os discípulos e disse a eles: "Tenho compaixão deste povo. Há três dias me acompanha e não tem o que comer. Se for embora em jejum, haverá de desmaiar pelo caminho, pois muitos vieram de longe!"

A exigência da partilha dos bens como condição para implantar o Reino é tão importante na proposta de Jesus que Marcos faz dois relatos da partilha de alimentos: o primeiro, no capítulo 6, como já vimos, quando a partilha dos alimentos beneficiou os judeus, e o segundo, que veremos em seguida, para beneficiar os pagãos. Sinal de que todos, sem exceção, são chamados ao Reino.

Aqui Jesus, de novo, assumiu que se deve cuidar também das necessidades materiais do povo – no caso, a fome.

Os discípulos objetaram: "Como saciar de pão essa gente, nessa região desértica?" Jesus indagou: "Quantos pães vocês têm?" "Sete", responderam. Mandou, então, que o povo sentasse no chão. Tomou os sete pães, deu graças, partiu-os e entregou-os a seus discípulos para que distribuíssem ao povo. Havia também alguns peixinhos. Jesus os abençoou e mandou também distribuí-los. Comeram e ficaram satisfeitos, e recolheram sete cestos de pedaços que sobraram. Ora, os que comeram eram cerca de quatro mil pessoas. Em seguida, Jesus os despediu.

De novo, Marcos sublinha a dificuldade de os discípulos captarem a proposta do Reino. Racionavam na lógica do "comprar" e não do "partilhar". E Jesus se mostrou interessado apenas em saber *quantos bens tinham*. A resposta foi "sete" que, como já vimos, significa "muitos". Assim como os restos foram recolhidos em muitos (sete) cestos.

Aqui há uma novidade: Jesus se encontrava em território pagão. A mulher sírio-fenícia o levou a romper a exclusividade da proposta do Reino aos judeus. Agora a sua "eucaristia" foi com os pagãos, comungou com eles os sinais do Reino.

> *Jesus embarcou com os discípulos rumo ao território de Dalmanuta. Apareceram fariseus para discutirem com Ele. Para colocá-lo à prova, pediram um sinal do céu. Jesus deu um suspiro profundo e exclamou: "Por que esta geração pede um sinal? Garanto a vocês: esta geração jamais verá um sinal". Afastou-se deles e seguiu de barca para a outra margem.*

Dalmanuta é uma região até hoje geograficamente desconhecida. Ali os fariseus foram pedir a Jesus "um sinal do céu", porque, tomados pela cegueira de suas tradições, não eram capazes de enxergar *os sinais da Terra na ação de Jesus*. Miravam "lá em cima", como muitos cristãos hoje em dia, e não *lá na frente*, no outro mundo possível, no qual predominarão os sinais do Reino. Jesus preferiu menosprezá-los, tamanha a estreiteza de visão deles.

> *Ocorre que eles tinham se esquecido de levar pães. Na barca, havia um único pão. Jesus os advertiu: "Prestem atenção e tomem cuidado com o fermento dos fariseus e de Herodes!" Os discípulos comentaram entre si: "É porque não temos pão". Jesus escutou e disse a eles: "Por que discutem sobre a falta de pão? Vocês ainda não entenderam? Não refletem? Estão com o coração endurecido? Têm olhos e não enxergam? Ouvidos, e não escutam? Não se lembram de quando reparti cinco pães entre cinco mil pessoas? Quantos cestos vocês recolheram cheios de sobras?" Eles responderam: "Doze". "E quando*

reparti sete pães entre quatro mil pessoas, quantos cestos com sobras vocês recolheram?" "Sete", informaram. Jesus disse: "E ainda assim vocês não entenderam?"

Também os discípulos tiveram dificuldade de entender a proposta de Jesus, como ainda hoje muitos cristãos ignoram completamente que não há verdadeira vida cristã se não há partilha. O "fermento dos fariseus" e dos herodianos era a ideologia do poder, de apropriação e não de partilha. Esse fermento mexe com a nossa cabeça, tende a nos cooptar e imobilizar. E não era fácil para os discípulos se livrarem da ilusão de que, com Jesus, haveriam de implantar um novo reino em Israel, como hoje há políticos sem projeto de Brasil ou de um mundo melhor para todos. Interessa-lhes apenas permanecer no poder e usufruir de seus privilégios.

Jesus reagiu à miopia dos discípulos, que não captavam o sentido de suas palavras e de seus gestos. Onde há partilha de bens, tanto espirituais quanto materiais, aí o Reino de Deus já se faz presente, *ainda que essa partilha não seja feita em nome da fé ou de Deus.*

> *Ao chegarem a Betsaida, trouxeram um cego e suplicaram-lhe que o tocasse. Jesus tomou o cego pela mão e levou-o para fora do povoado. Colocou saliva nos olhos dele, impôs as mãos na cabeça do cego e perguntou: "Você enxerga alguma coisa?" O cego levantou os olhos e respondeu: "Vejo homens, parecem árvores que andam"[63]. Então, Jesus pôs as mãos nos olhos dele e ele enxergou claramente. Ficou curado e enxergava todas as coisas com nitidez, mesmo de longe. Jesus mandou o homem para casa e recomendou-lhe: "Não entre no povoado".*

---

63. "É belíssima essa descrição poética da miopia como fase intermédia entre cegueira e visão" (LOURENÇO, F. *Bíblia – Novo Testamento*. São Paulo: Companhia das Letras, 2017, n. da p. 186).

Mais uma vez Jesus contrariou as antigas Escrituras: "Os cegos e aleijados não poderão entrar no Templo" (*Segundo Livro de Samuel* 5,8).

É sintomático que depois de descrever a "cegueira" dos discípulos Marcos tenha introduzido o relato da cura de um cego. Qualquer semelhança não é mera coincidência! Quem seria capaz de enxergar a real dimensão de Jesus? Os fariseus e doutores da Lei não! Nem mesmo a família dele! E os discípulos enxergavam mal...

Há no relato uma sequência sobre a visão. Como enxergamos as coisas? Somos capazes de ver os sinais do Reino entre nós? Os discípulos demoraram a ver como Jesus queria que vissem. Viram "um fantasma" que caminhava sobre as águas; os fariseus não eram capazes de ver os sinais do Reino neste mundo; o cego viu primeiro homens que pareciam árvores se movendo...

Assim, muitas vezes vemos sem nitidez a conjuntura que nos cerca, até que alguém, um grupo ou um acontecimento, abre completamente os nossos olhos.

> *Jesus partiu com seus discípulos para os povoados de Cesareia de Filipe. Pelo caminho, perguntou a eles: "Quem dizem os homens que eu sou?" Responderam os discípulos: "Uns dizem que o senhor é João Batista; outros, que é Elias; outros ainda que é um dos profetas". Jesus insistiu: "E para vocês, quem eu sou? Pedro respondeu: "O Senhor é o Messias". Jesus proibiu severamente que falassem a respeito dele.*

A pergunta de Jesus aos discípulos no decorrer da viagem é curiosa. Quis saber como o povo o encarava, o que dizia dele. Poderíamos entender como uma espécie de pesquisa de opinião. Nem sempre temos coragem de fazer a mesma pergunta às pessoas com as quais convivemos. Preferimos pensar que "os outros pensam de mim" o que gostaríamos que eles pensem.

As respostas dos discípulos comprovam que no tempo de Jesus se acreditava em reencarnação. Porque uns julgavam que, nele, João Batista revivia; outros, que Elias se reencarnara; e outros ainda que nele havia retornado um dos antigos profetas.

As respostas demonstram que a opinião pública da Galileia não captava bem a proposta de Jesus, nem entendia a sua militância em prol da implantação do Reino. Jesus fez então uma segunda pergunta: "E vocês, quem dizem que eu sou?" Quem de nós ousa indagar dos companheiros e companheiras de trabalho "o que dizem de mim lá fora?" Tememos críticas e, ainda mais, ter que fazer autocrítica. Mais difícil ainda é indagar de quem está próximo a nós: "O que pensa de mim?"

Pela resposta de Pedro sabemos que os discípulos reconheciam em Jesus o esperado Messias ("Cristo", em latim) que viria libertar Israel de toda sujeição e tornar a nação judaica paradigma de um mundo renovado. Um novo Davi, rei libertador.

Essa visão expressada por Pedro preocupou Jesus. E ele proibiu os discípulos de repetirem isso por ser uma visão equivocada. Ele era o Messias, mas não como esperavam aquele povo e os discípulos. Ele não chegara "de cima". Viera "de baixo". Não como um rei triunfante, e sim como um servidor do projeto do Reino de Deus.

Cesareia de Filipe era uma próspera cidade helenista reconstruída por Herodes Filipe. Denominava-se Cesareia de Filipe para se distinguir de Cesareia marítima, situada na Judeia, a 100km de Jerusalém, e onde Pilatos residia.

Ao longo de seu relato, Marcos informa que Jesus viajava muito, levava sua mensagem às aldeias, povoados e cidades, quase todos situados na Galileia e às margens do grande lago. O curioso, porém, é constatar, nos quatro evangelhos, que Jesus nunca pisou nas duas principais cidades da Galileia – a capital Tiberíades (em homenagem ao imperador Tibério César), com

8 mil habitantes, e Séforis, com 10 mil. Por que será? Séforis foi reconstruída por Herodes Antipas, e Tiberíades, toda construída por ele, como Brasília. A primeira distava a apenas 5km de Nazaré e a segunda ficava defronte de Cafarnaum, onde praticamente Jesus residia.

Tudo indica que Jesus fez questão de não pôr os pés nas duas cidades por três razões: eram muito suntuosas; foram construídas à custa de pesados impostos que empobreceram ainda mais a população da Galileia; e possivelmente José, seu pai, tenha trabalhado nas edificações, e Ele próprio, talvez, como ajudante, e assim criado ojeriza frente a tanta ostentação.

> *Passou a alertar os discípulos: "O Filho do Homem deve sofrer muito, ser rejeitado pelos anciãos do Templo, chefe dos sacerdotes e doutores da Lei; deve ser morto, mas ressuscitará depois de três dias". Jesus dizia isso abertamente.*

Tinha consciência de que o cerco se fechava em torno dele. O assassinato de seu primo, João Batista, havia sido um sinal de que o braço do poder também poderia alcançá-lo a qualquer momento. Sentia-se obrigado a alertar os discípulos. Não queria que fossem vítimas da própria ingenuidade. Mas Pedro não gostou do que ouviu.

> *Pedro chamou Jesus à parte e passou a repreendê-lo. Jesus virou-se, olhou para seus discípulos e repreendeu Pedro: "Fique longe de mim, satanás! Seus sentimentos não são os de Deus, mas os dos homens".*

Pedro tinha uma visão equivocada da missão de Jesus. Talvez esperasse o triunfo do Mestre como o novo rei libertador de Israel. Quantas vezes isso acontece ainda hoje! Pais que não entendem a militância dos filhos; maridos que estranham o engajamento das mulheres; irmão que não aceita que o outro assuma riscos na luta por justiça...

A reação de Jesus foi radical. Diante do comentário egocêntrico de Pedro, repudiou o companheiro como se este fosse um inimigo. Ficou indignado! Como era possível que, àquela altura, Pedro ainda não tivesse entendido a proposta do Reino e os riscos que implica! Os discípulos ainda não eram capazes de encarar a militância pela ótica da fé, e sim pela ótica das vantagens de um esquema humano de poder. E por isso se perguntavam como era possível que, com tanta popularidade e operando prodígios, Jesus admitisse o aparente fracasso?

> *Em seguida, Jesus convocou o povo e os discípulos, e disse: "Se alguém quer me seguir, renuncie a si mesmo, tome a sua cruz e me siga. Porque quem quiser salvar a vida, vai perdê-la; mas quem perde a vida por minha causa e do Evangelho, vai salvá-la. De que adianta ao homem ganhar o mundo inteiro, se perde a própria vida? O que um homem pode dar em troca da sua vida? Se alguém se envergonhar de mim e de minhas palavras diante dessa geração adúltera e pecadora, também o Filho do Homem se envergonhará dele quando vier na glória de seu Pai com seus santos anjos".*

Lembro novamente que Marcos escreveu este relato em um período de intensa perseguição do Império Romano aos cristãos. Portanto, muitos vacilavam, renegavam a fé, abandonavam a causa do Reino. Era preciso encorajá-los, manter viva a fé, alimentar a esperança.

Jesus foi bem explícito. Para integrar o movimento dele era preciso que o militante renunciasse a si mesmo. Estivesse ciente de que enfrentaria riscos e sofrimentos: "Tome a sua cruz", e não a cruz de Jesus. Como frisa Myers, "o sentido da cruz certamente recebe melhor exegese de irmãs e irmãos que hoje vão pelo mundo a fim de trabalhar pela justiça e libertação daqueles que vivem sob regimes opressivos. Os que no passado sofreram interrogatórios e torturas por parte de forças de segurança que procuravam extrair os nomes de seus companheiros de luta sabem quão intenso é o trauma psicológico e espiritual gerado pela tentação de "salvar a si mesmo"[64].

Jesus utilizou uma antinomia para deixar isso claro: quem opta por seus próprios interesses, perde a vida. Porque a meta de todos nós é alcançar a felicidade. E esta só se conhece quando imprimimos à vida sentido altruísta. Mas quem "perde" a vida pela proposta do Reino – como Gandhi, Luther King, Chico Mendes e Dorothy Stang – tem consciência de que valeu a pena ter vivido. Quanto mais sentido imprimimos à nossa vida, menos tememos a morte.

Jesus se referiu explicitamente ao instrumento de morte utilizado pelo Império Romano: a cruz. Era o castigo político e militar aplicado a escravos, criminosos violentos e rebeldes. Além de representar suprema humilhação, atemorizava devido à exposição pública do crucificado. Por isso, a admoestação de Jesus "renuncie a si" nada tem de ascetismo espiritualista. De modo realista quis sublinhar que aderir ao Movimento do Reino implicava risco de vida.

---

64. Cf. MYERS. Op. cit., p. 345.

Capítulo 9

Jesus acrescentou: "Asseguro a vocês: alguns dos que estão aqui não haverão de morrer antes de ver o Reino de Deus manifestar o seu poder".

A manifestação do Reino já era evidente na prática de Jesus, partilha de bens e nas curas, ou seja, no modo como Ele reintegrava à comunidade aqueles que haviam sido excluídos por serem considerados "impuros". Porém, o poder dessa manifestação só ficaria consolidado com a ressurreição de Jesus.

Seis dias depois, Jesus convocou Pedro, Tiago e João para irem até o alto de uma montanha. Lá em cima, transfigurou-se diante deles. Suas vestes ficaram resplandecentes, e de uma brancura tal que nenhuma lavadeira do mundo seria capaz de torná-las assim tão brancas. Apareceram Elias e Moisés, e conversavam com Jesus.

O que vem depois de seis dias? O sétimo, que no tempo de Jesus significava *plenitude*. E, na Bíblia, montanha ou monte é o local de manifestação de Deus. Lugar no qual Jesus gostava de orar. Por isso, o episódio tem forte conotação mística. Mas também psicológica.

A companhia de duas figuras centrais da tradição bíblica, Moisés e Elias, tão destacadas no Primeiro Testamento, visava a ressaltar que Jesus se inseria na mesma linha de Moisés, o libertador, e de Elias, o profeta. Elias também foi perseguido pelas autoridades e tentou fugir, mas Javé o fez retornar à luta (*Primeiro Livro dos Reis* 19,11s.). E Moisés, enviado de Javé, viu sua mensagem rejeitada pelo povo e teve de subir à montanha pela segunda vez (*Êxodo* 33,18ss.). A brancura das vestes simboliza o martírio.

> *Pedro interrompeu-os: "Mestre, é bom ficarmos aqui; vamos fazer três tendas: uma para o senhor, outra para Moisés e a terceira para Elias". Pedro falava sem pensar, pois ele e os outros discípulos sentiam muito medo.*

Pedro teve uma reação covarde e oportunista, criticada por Marcos, que era discípulo dele. Ao contemplar a glória de Jesus, quis desfrutá-la. Reação típica de quem chega ao poder e se recusa a voltar às bases sociais. Apega-se às mordomias e aos privilégios. Como Marcos assinala, Pedro, Tiago e João "sentiam muito medo". Não de estar ali em companhia de Jesus. Tanto que propuseram ficar com Ele no alto da montanha e abandonar os desafios da missão confiada aos discípulos. Temiam as implicações decorrentes de quem se coloca ao lado dos pobres e da justiça.

> *Veio uma nuvem e os encobriu com a sua sombra. E da nuvem saiu uma voz: "Este é o meu Filho muito amado; ouçam o que Ele diz". Eles olharam em volta e não viram ninguém, a não ser Jesus ao lado deles.*

Jesus, tão criticado por escribas e fariseus, alvo de conspirações, incompreendido por seus discípulos, recebe, ali sobre a montanha, a chancela de Deus!

No *Deuteronômio*, Deus aparece em uma coluna de nuvem (31,15). No *Êxodo*, Javé conduziu o povo no deserto por meio de uma nuvem (40,37). Deus, que não se deixa ver, se expressou através de uma nuvem. Fez uma declaração de amor ao Filho e pediu para darmos ouvidos à palavra de Jesus. Palavra não é apenas o que Jesus dizia, mas também o que fazia.

> *Ao descerem da montanha, Jesus proibiu contarem a qualquer pessoa o que tinham visto até que o Fi-*

lho do Homem ressuscitasse dentre os mortos. Eles observaram a recomendação e se perguntavam o que significaria: "Ressuscitar dentre os mortos".

Jesus rejeitava qualquer atitude triunfalista. Por isso, exigiu discrição dos três discípulos que subiram com Ele à montanha. Só após a sua ressurreição o fato poderia ser divulgado. Até porque, antes, muitos julgariam a narrativa uma impostura para realçar a natureza messiânica do Mestre. Os três acataram a exigência, mas não entenderam o que Jesus quis dizer com aquela advertência. Os saduceus não acreditavam em ressurreição dos mortos. E outros, como os fariseus, acreditavam que ela ocorreria no fim dos tempos. A ideia de que alguém pudesse ressuscitar antes era inadmissível.

Os discípulos perguntaram a Jesus: "Por que os fariseus e os doutores da Lei dizem que, primeiro, Elias deve retornar?" Ele respondeu: "Elias deve voltar primeiro para colocar tudo em ordem. Mas, como dizem as Escrituras, o Filho do Homem deve sofrer muito e ser rejeitado. Eu, porém, afirmo a vocês: Elias já retornou e fizeram com ele exatamente o que as Escrituras falam a respeito dele".

Influenciados pela ideologia dos fariseus, os discípulos se mostravam confusos diante de Jesus. Corria a lenda de que antes da manifestação do novo reino de Israel o profeta Elias haveria de retornar. Jesus se esforçou para que os discípulos abrissem os olhos: não haveria reino triunfal. O semeador do Reino haveria de passar por grandes sofrimentos. A semente seria regada com sangue. E "Elias já retornou" significa o paralelo entre Elias e João Batista, este sim o novo Elias, que foi também assassinado.

Quando Jesus, Pedro, Tiago e João se aproximaram dos outros discípulos, foram rodeados por muita gente. Alguns doutores da Lei discutiam com eles. Logo que o povo avistou Jesus, correu para cumpri-

mentá-lo. Jesus perguntou aos discípulos: "O que vocês discutem com eles?"

Os escribas não perdiam oportunidade de bater boca com os discípulos de Jesus.

Alguém do meio do povo interveio: "Mestre, eu lhe trouxe meu filho, que tem um espírito mudo. Cada vez que o espírito o ataca, joga-o no chão e ele começa a espumar, range os dentes e fica completamente rígido. Pedi a seus discípulos para expulsarem o espírito, mas eles não conseguiram". Jesus exclamou: "Ó gente sem fé! Até quando ficarei com vocês? Até quando terei de suportá-los? Tragam o menino aqui!"

Eles levaram o rapaz. Assim que o espírito avistou Jesus, sacudiu violentamente o menino, que caiu no chão e começou a rolar e a espumar pela boca. Jesus perguntou ao pai: "Há quanto tempo isso acontece com ele?" "Desde a infância. E muitas vezes já o atirou no fogo e na água para matá-lo. Se o senhor pode fazer alguma coisa, tenha piedade de nós e nos ajude!" Jesus disse a ele: "Você pode!... Tudo é possível a quem crê". Imediatamente o pai do menino gritou: "Tenho fé! Mas socorre a minha falta de fé!"

Vendo Jesus que o povo se aproximava, ordenou ao espírito: "Espírito mudo e surdo, eu exijo: sai deste rapaz e não volte a entrar nele". O espírito sacudiu o rapaz com violência, deu um grito e saiu. O rapaz ficou desfalecido e muitos comentavam: "Ele morreu...". Jesus tomou-o pela mão, ergueu-o e ele ficou de pé.

Chama atenção a humildade do pai do rapaz ao confessar não ter suficiente fé, e ainda pedir a Jesus que o socorresse em sua falta de fé. Como isso acontece com tantos de nós!

A descrição revela claramente que o rapaz teve um ataque de epilepsia. Contudo, por falta de conhecimento científico, atribuía-se à possessão demoníaca. Como já foi dito, muitos "endemoniados" citados na Bíblia eram, de fato, pessoas que sofriam de distúrbios psíquicos.

Os discípulos não haviam conseguido livrar o rapaz da enfermidade. Não tiveram suficiente fé, como constatou o pai do rapaz. Então Jesus instou o pai a curar o filho: "Você pode!" Ou seja, qualquer um que tenha a fé de Jesus é capaz de operar maravilhas. Ocorre que muitos de nós *temos* fé em Jesus, mas não *a fé de Jesus*. E o importante é isto: ter a fé de Jesus.

> *Depois os discípulos perguntaram em particular a Jesus: "Por que não conseguimos expulsar o espírito?" Jesus respondeu: "Essa espécie de demônio não se expulsa a não ser pela oração".*

Jesus associou oração-fé-cura. É a oração que alimenta a nossa fé. Quanto mais oramos, mais aprofundamos a fé e mais nos tornamos capazes de fazer "milagres". Mas é um erro confiar apenas na oração e desprezar os recursos da ciência. A ciência também é um dom de Deus à humanidade.

> *Ao partir dali, Jesus e os discípulos atravessaram a Galileia. Jesus não queria que ninguém soubesse onde estava, porque desejava instruir os discípulos: "O Filho do Homem será entregue nas mãos dos homens, e eles o matarão; mas ressuscitará três dias depois de sua morte". Os discípulos não entenderam o que Jesus disse e tinham medo de perguntar.*

Jesus pressentia que o cerco se apertava em torno dele. Era preciso aproveitar o tempo que lhe restava para formar melhor os discípulos. Assim, afastou-se das multidões. O que tinha a ensinar era a respeito de seu próprio destino. Assim como João Batista, Ele também corria o risco de ser assassinado. Porém, haveria de ressuscitar. Linguagem difícil de ser aprendida e apreendida pelos discípulos. Como o Messias enviado por Deus haveria de fracassar? A lógica do Reino em choque com a lógica do poder mundano. Deus havia entrado na história humana pela porta dos fundos e haveria de sair pela mesma porta...

> *Quando voltaram para Cafarnaum, Jesus perguntou a eles: "Sobre o que vocês discutiam no caminho?" Eles ficaram calados, porque no caminho haviam discutido entre si qual deles seria o mais importante.*

Diante do que Jesus dissera, a cabeça dos discípulos ficou confusa. Esperavam um reino triunfal e debatiam quais deles haveriam de ocupar os postos mais importantes. Como fazem assessores de político que, no decorrer da campanha eleitoral, discutem quem haverá de ser nomeado e para qual cargo se o candidato for eleito. O ser humano tem cinco grandes tentações. A primeira é o poder, a segunda é o poder, a terceira é o poder, a quarta é o dinheiro e a quinta, o sexo.

> *Então Jesus se sentou, chamou os Doze e disse: "Se alguém quer ser o primeiro, seja o último e sirva a todos". E chamou uma criança, colocou-a no meio deles, abraçou-a e disse: "Quem recebe em meu nome uma dessas crianças, a mim recebe. E quem me receber, não estará recebendo a mim, mas aquele que me enviou".*

Jesus procurou inverter a lógica dos discípulos. No Reino, tem mais poder quem mais serve[65]. E servir, sobretudo, aos pequenos, aos vulneráveis, como a criança que Jesus chamou e abraçou. Mais uma vez, enfatizou a opção pelos pobres[66]. Receber

---

65. "A redação de Marcos nasceu no contexto das rivalidades surgidas na primeira comunidade cristã" (PAGOLA. Op. cit., p. 349, n. 72).

66. "Jesus nunca louvou os pobres por suas virtudes ou qualidades. Provavelmente aqueles camponeses não eram melhores do que os poderosos que os oprimiam; também eles abusavam de outros mais fracos e exigiam o pagamento das dívidas sem compaixão alguma. Ao proclamar as bem-aventuranças, Jesus não diz que os pobres são bons ou virtuosos, mas que estão sofrendo injustamente. Se Deus se põe do lado deles, é porque precisam.

quem é frágil, desprovido, desamparado, é acolher Jesus. E quem assim age recebe Deus. Uma exigência incontornável de Jesus: não se pode chegar a Deus senão se comprometendo, primeiro, com o próximo, em especial com aqueles que mais necessitam de nossa solidariedade.

> *João disse a Jesus: "Mestre, vimos alguém, que não nos segue, expulsar demônios em seu nome, e tratamos de proibi-lo". Jesus, porém, observou: "Não proíbam, porque ninguém faz milagre em meu nome e depois é capaz de falar mal de mim. Quem não está contra nós, está a nosso favor. Posso garantir: quem der a vocês um copo de água porque são de Cristo, não ficará sem recompensa".*

Jesus manifestou aqui seu antifundamentalismo. Não basta exibir gravada na testa a palavra "cristão" para ser considerado discípulo de Jesus. Árvore se conhece pelos frutos, assim como a prática é o critério da verdade. Quem faz o bem, ama e promove a partilha, caminha nos passos de Jesus – ainda que em nome de uma causa política ou meramente humanitária.

A narrativa mostra que os discípulos tinham ciúmes de alguém que, sem pertencer ao Movimento do Reino, promovia o bem. Alguém "que não nos segue"... Os discípulos, picados pela mosca azul[67], queriam ser seguidos, e não ser seguidores.

Jesus deu três razões para eles não impedirem a ação daquela pessoa: 1) Quem se comprometia com os valores de Jesus não podia, em seguida, falar mal dele; 2) Quem não estava contra

---

Deus, Pai misericordioso de todos, não pode reinar senão fazendo justiça, sobretudo àqueles a quem ninguém faz. É isto que desperta uma grande alegria em Jesus: Deus defende aqueles que ninguém defende!" (PAGOLA. Op. cit., p. 131-132).

67. "Picado pela mosca azul" é uma expressão que vem de Machado de Assis e designa aquele que se deixou seduzir pela vontade ou pelo exercício do poder. Cf. meu *A mosca azul – reflexão sobre o poder*. São Paulo: Rocco, 2006.

eles, somava-se a eles; 3) O mais simples gesto, como oferecer um copo de água a quem tem sede, é um valor do Reino.

> *Mas quem escandalizar uma dessas crianças que creem em mim, melhor será que amarre uma pedra no pescoço e se afogue! Se a sua mão for ocasião de pecado, corte-a; é melhor entrar na vida aleijado do que ter as duas mãos e ir para o inferno, onde o fogo jamais se apaga. Se o seu pé for motivo de pecado, corte-o fora; melhor entrar coxo na vida eterna do que ter dois pés e ser jogado no inferno. Se o seu olho for motivo de pecado, arranque-o; melhor entrar com um olho a menos no Reino de Deus do que ter dois olhos e ser condenado ao inferno, onde o verme não morre e o fogo não se apaga. Porque todos serão salgados pelo fogo.*

Não temos o direito de escandalizar crianças! E Jesus utilizou uma hipérbole para ressaltar que devemos "evitar o pecado nas três áreas de atividade humana, o que os antropólogos chamam de 'zonas de interação' humana com o mundo, representadas pela mão, o pé e o olho"[68].

O biblista Carlos Bravo observa: "Jesus estava usando uma simbologia muito conhecida pelos judeus. Quando falavam de uma parte, estavam se referindo ao todo. Falar das mãos era falar das ações do homem; falar dos pés, era falar dos passos que possibilitavam a realização dos projetos; falar dos olhos, era falar dos desejos e intenções onde nascem os projetos. É claro que Jesus não estava se referindo aos membros do corpo, como se eles nos fizessem pecar. Já havia deixado bem claro que o que mancha as pessoas são os projetos que nascem do coração, nenhuma parte

---

68. MALONEY, E.C. *Mensagem urgente de Jesus para hoje*. São Paulo: Paulus, 2008, p. 80. Cf. MALINA, B.J.; ROHRBAUGH, R.L. *Social-Science – Commentary on the Synoptic Gospels*. 2 ed. Mineápolis: Fortress, 200, pp. 419-420.

do corpo, é impura. Ou seja, devemos saber interromper a tempo as más intenções, de onde nascem os maus projetos e as atitudes perversas. Isso tinha relação com a ambição que estava tomando conta do grupo dos Doze. Nada prejudica tanto uma comunidade como a ambição entre os escolhidos para servir. Eles se aproveitam da autoridade para obter privilégios e distinção. Jesus dizia que contra a ambição devemos ser implacáveis"[69].

Vale recordar ainda que a Igreja primitiva se concebia como um corpo, o que se evidencia nas cartas de São Paulo (*Primeira Coríntios* 12; *Segunda Coríntios* 5). Portanto, extirpar um membro tem aqui o sentido de excluir quem trai os princípios da comunidade.

Para designar inferno, Marcos usou a palavra "geena", que em hebraico é *ge-hinnom* e significa "vale de Bem-Enom", nome do vale a Oeste de Jerusalém utilizado como depósito de lixo. O chorume ali produzido e a fumaça tóxica dos resíduos queimados simbolizavam o castigo dos pecadores na eternidade.

Jerusalém foi erguida sobre um monte. Em frente, fica o Monte das Oliveiras. Entre os dois havia o leito seco de um rio, o Cedron, no qual só corria água quando chovia. Este se juntava a outro leito seco conhecido como Geena. Na junção dos dois leitos ficava o depósito de lixo de Jerusalém. Dali emanava o cheiro de putrefação, e quase sempre havia queima de lixo. Daí o terror provocado pela ideia de alguém ser atirado na Geena...

> *O sal é uma coisa boa; mas se se tornar insosso como restituir-lhe o sabor? Tenham sal em vocês e vivam em paz uns com os outros.*

Todos sabemos como o sal é imprescindível para conservar alimentos, ainda mais em uma época que não existiam refrigera-

---

69. BRAVO, C. *Galileia ano 30 – Para ler o Evangelho de Marcos*. 2. ed. São Paulo: Paulinas, 1996, p. 104.

dores. Sabemos também como é insípida a comida sem tempero. Ao saborear um bom prato de arroz com feijão sentimos se há ou não sal. Embora não vejamos o tempero, pelo paladar distinguimos perfeitamente uma comida com sal de outra sem.

Jesus temia que seus discípulos perdessem o sal, ou seja, ficassem insossos por causa de ambições equivocadas e disputas de poder. Queria que fossem inseridos no mundo, na sociedade e, dentro dela, imprimissem um novo sabor de justiça e paz.

Capítulo 10

Ao sair dali, Jesus foi para a região da Judeia, além do Jordão. O povo voltou a segui-lo pelo caminho e, de novo, Ele começou a ensinar, como era seu costume. Os fariseus se aproximaram e perguntaram-lhe, para colocá-lo à prova, se era permitido ao homem repudiar a mulher com quem casara. Ele retrucou: "O que ordenou Moisés?" Eles disseram: "Moisés permitiu emitir carta de divórcio e mandar a mulher embora". Jesus prosseguiu: "Foi por causa da dureza do coração de vocês que Moisés escreveu esse mandamento. Mas desde o início da Criação Deus fez o homem e a mulher. Por isso, o homem deixará os pais e se unirá à sua mulher, e os dois serão uma só carne. Assim, já não são dois, mas uma só carne. Portanto, o que Deus uniu o homem não deve separar".

Mais tarde, os discípulos voltaram a perguntar sobre o mesmo assunto. Jesus explicou: "Quem repudia sua mulher e se casa com outra, comete adultério contra a primeira. E se a mulher repudia o marido e se casa com outro, comete adultério".

É preciso sempre ler o texto dentro do contexto. Jesus viveu em uma sociedade de tradição patriarcal. Foi um homem de seu tempo. E no contexto de uma sociedade agrária era importante preservar a família como núcleo de produção e reprodução. Por isso, entre os Dez Mandamentos da Lei Mosaica figuram "Não cometa adultério" e "Honra seu pai e sua mãe".

Jesus era testemunha de como a opressão romana sobre aquela sociedade camponesa causava ruptura dos laços familiares. Acresce-se a isso o mau exemplo do governador da Galileia, que repudiou sua mulher para se casar com a cunhada, conforme descrito no capítulo 6.

Na sociedade judaica da época de Jesus, a mulher não tinha vez nem voz. No entanto, Jesus dava a elas o mesmo valor. Igualdade de direitos! Prova disso foi levantar a hipótese de a mulher repudiar o marido, o que era inconcebível naquele contexto machista e patriarcal[70].

Para Myers, "Marcos se recusa a encarar superficialmente as relações *reais* de poder; não importa até que ponto a instituição é 'sagrada'. O 'menor', neste caso concreto, é a mulher, e Marcos procura mostrar com clareza à sua comunidade que ela só pode ser protegida se não for mais tratada como objeto, mas como sujeito igual, na solução de situações de conflito"[71].

> *Trouxeram crianças para que Jesus tocasse nelas, mas os discípulos repreenderam os que as acompanhavam. Ao ver isso, Jesus ficou indignado e disse: "Deixem as crianças vir a mim; não proíbam, porque o Reino de Deus pertence a quem se comporta como elas. Garanto a vocês: quem não receber o Reino de Deus com espírito de criança, não entrará nele". Então, abraçou-as e abençoou-as, impondo-lhes as mãos.*

É possível que na Galileia houvesse crianças órfãs cujos pais tenham sido mortos pelos massacres das tropas romanas. O relato não diz que as crianças foram trazidas por seus pais. Naquela sociedade patriarcal, havia preconceito ao homem adulto que desse atenção a crianças ou cuidasse delas. Isso era papel

---

70. "Jesus não se pronuncia propriamente sobre o divórcio tal como se apresenta na atualidade, mas sobre o privilégio exclusivo dos varões de repudiarem suas mulheres" (PAGOLA. Op. cit., p. 271, n. 46).

71. MYERS. Op. cit., pp. 321-323.

da mulher. Por isso, os discípulos "repreenderam aqueles que as acompanhavam".

Jesus ficou indignado com a atitude de seus companheiros e não apenas acolheu crianças, como também as abençoou e citou-as como modelo para os adeptos do Reino de Deus. As crianças têm virtudes que nem sempre são encontradas nos adultos, como espontaneidade, confiança, sinceridade. E para estar no Reino precisamos ser como elas: sem apegos, presunções ou ambições desmedidas, e confiantes nas mãos de Deus. Assim como as crianças que se entregam confiantes a seus pais.

> *Quando Jesus começou de novo a caminhar, veio um homem correndo e ajoelhando-se diante dele indagou: "Bom Mestre, o que devo fazer para alcançar a vida eterna?" Jesus reagiu: "Por que me chama de bom? Só Deus é bom. Você conhece os mandamentos: não mate; não cometa adultério; não furte; não levante falso testemunho; não seja corrupto; honra seu pai e sua mãe". O homem assegurou: "Mestre, tudo isso tenho observado desde a juventude". Jesus olhou para ele com amor e disse: "Só falta a você uma coisa: vá, venda todos os seus bens e dê o dinheiro aos pobres, e você terá um tesouro no céu. Depois, venha e siga-me". Ao ouvir isso, o homem, que era muito rico, ficou abatido e foi embora triste.*

É muito emblemático este episódio, equivocamente conhecido como narrativa do "jovem rico". Em nenhum momento é dito que o personagem era jovem. O homem se aproximou de Jesus numa atitude de bajulação, como quase sempre acontece quando alguém espera obter um favor de quem é mais rico ou poderoso. "Bom Mestre"... Jesus não gostou da adulação. E, com certeza, nem da pergunta interesseira: "o que devo fazer para alcançar a vida eterna?" Tratava-se de um homem que já tinha alcançado muitos bens na Terra e agora se mostrava interessado em investir na poupança celestial...

Jesus respondeu recitando os mandamentos que resumem toda a Lei Mosaica. Mas omitiu os que dizem respeito a Deus. Um catequista sectário talvez reagisse indignado se um de seus alunos declinasse os mandamentos e excluísse exatamente os que dizem respeito a Deus.

Jesus frisou a essência de sua mensagem: quem ama o próximo, ama a Deus – ainda que não tenha fé, sublinho. Porque é através da solidariedade ao próximo que Deus quer ser servido e amado. No entanto, a recíproca não é verdadeira.

Naquela sociedade agrícola, as relações econômicas de confiança e partilha eram fundamentais para consolidar o tecido social. Portanto, havia que respeitar esses princípios: não matar pessoas, nem animais e plantas (exceto por necessidade alimentar, como entre os povos indígenas); não trair a esposa ou o esposo; não se apropriar do que pertence aos outros; não acusar sem provas consistentes; não desviar, para proveito próprio, parte da colheita ou do dinheiro comunitário entregue à sinagoga; e preservar os vínculos familiares com pleno respeito aos genitores.

Marcos registrou que "Jesus olhou para o homem com amor". Viu nele um potencial discípulo. E, por isso, arrematou o diálogo dizendo-lhe a verdade: "Só lhe falta uma coisa". Quem ama é verdadeiro para com o outro. Fosse mineiro, como eu, talvez dissesse ao homem: "Integre-se ao nosso movimento e, com o tempo, você será ainda melhor".

A reação de Jesus não foi a que o homem esperava. Jesus o conhecia, pelo menos de ouvir falar. Sabia que era rico. E na Palestina do século I dificilmente alguém acumulava riquezas sem cometer fraudes e praticar corrupção. Frente à pergunta "o que devo fazer para alcançar a vida eterna?", Jesus respondeu *o que ele não devia fazer* – acumular riquezas. Jesus colocou mais uma exigência para acolhê-lo: vender os bens que possuía e destinar aos pobres o que faturasse. Portanto, não propôs um despojamento ascético para o aprimoramento espiritual e moral do homem rico. Propôs uma exigência do Reino: partilhar os bens com os pobres, criar condições para que tenham vida digna.

Como o homem ficou muito rico? Naquela sociedade israelita, a única maneira de alguém enriquecer era abusando dos vulneráveis, como cobrar juros sobre empréstimos (o que era proibido pela Lei Mosaica), explorar o trabalho alheio ou se apropriar de terras que os camponeses endividados se viam obrigados a abrir mão.

Jesus nada tinha de ingênuo. Sabia muito bem que, ao se desfazer dos bens, o dinheiro obtido, se entregue aos pobres, não poria fim à pobreza. No máximo, daria um período de alívio à penúria dos beneficiados. Mas quis deixar claro que para ser discípulo é preciso, primeiro, despojar-se e fazer opção pelos pobres. Tornar-se terra fértil na qual a semente do Reino frutifica, e não terra empedrada ou repleta de espinhos, como dissera na parábola.

Os pobres não escolhem ser pobres. Não há um único versículo em toda a Bíblia que diga que a pobreza é uma virtude ou agradável aos olhos de Deus. A pobreza é um mal, fruto amargo da injustiça humana que introduz a desigualdade e a diferença de classes. Se os pobres são bem-aventurados é justamente porque Deus se posiciona ao lado deles para que lutem contra as causas da pobreza.

Todos nós sabemos como é difícil para as pessoas ricas, que possuem muitos bens, abandonar sua zona de conforto para abraçar a utopia de "outro Reino possível", como propôs Jesus. E algumas vivem exclusivamente para administrá-los, sem tempo para as boas causas coletivas. De fato, muitas vezes a riqueza escraviza. A pessoa passa a viver em função de multiplicá-la, sem nem mesmo usufruir dela e muito menos transformá-la em benefício para aqueles que carecem de recursos. Buda teria dito, com muita propriedade, que rico não é o que possui muito, e sim quem possui quase nada. De fato, quanto menos apego temos a bens, mais liberdade temos na vida.

Detalhe curioso: nos quatro evangelhos nunca um pobre pergunta a Jesus como alcançar a vida eterna. A pergunta é outra: como alcançar vida nesta vida!

> *Jesus, então, olhou em volta e disse aos discípulos: "Como é difícil para os ricos entrar no Reino de Deus!" Os discípulos ficaram incomodados ao ouvir aquilo. Jesus continuou: "Meus filhos, como é difícil entrar no Reino de Deus quem coloca a sua segurança nas riquezas! É mais fácil passar um camelo pelo buraco de uma agulha do que um rico entrar no Reino de Deus".*
>
> *Os discípulos ficaram muito preocupados ao ouvir aquilo, e perguntavam entre si: "Quem então haverá de se salvar?" Jesus olhou para eles e observou: "Para os homens isso é impossível, mas não para Deus; para Deus tudo é possível".*

A tradição cristã cometeu o erro de associar Reino de Deus e vida eterna, como se o Reino anunciado por Jesus se situasse exclusivamente "lá em cima". Muitos interpretam a observação concernente à dificuldade de "os ricos entrarem no Reino de Deus" como empecilho à salvação. Ora, o Reino se faz presente onde há solidariedade e partilha de bens. E, portanto, o apego aos bens dificulta essas duas atitudes. Por vezes, as riquezas fecham o coração à vontade de Deus e os ouvidos ao clamor dos pobres.

O que deixou os discípulos intrigados foi o fato de a riqueza, na ideologia religiosa disseminada pela classe sacerdotal, ser considerada bênção de Deus. E Jesus opinar exatamente o contrário.

O provérbio "é mais fácil passar um camelo pelo buraco de uma agulha do que um rico entrar no Reino de Deus" era um dito popular dos camponeses da Galileia. O camelo era o maior animal encontrado na Palestina. E quando Jesus concluiu ao afirmar que "para Deus tudo é possível", não quis dizer que um rico poderia entrar no Reino. Deus não é mágico, não faz um camelo passar pelo buraquinho de uma agulha. O que Deus pode fazer é tentar convencê-lo a colocar os bens – materiais e espirituais, como talentos e inteligência – a serviço dos pobres. Como fizeram o jovem burguês italiano Francisco de Assis, o advogado indiano Mohandas Karamchand Gandhi, o médico alemão Albert Schweitzer, o advogado e filho de latifundiário Fidel Castro Ruz, o médico argentino Ernesto Guevara, a filósofa francesa Simone Weil e tantos outros.

> *Pedro disse a Jesus: "Nós deixamos tudo e seguimos o senhor". Jesus assegurou: "Garanto a vocês, quem tiver deixado casa, irmãos, irmãs, pai, mãe, filhos, propriedades por mim e pelo Evangelho, haverá de receber, ainda nesta vida, cem vezes mais casas, irmãos, irmãs, mães, filhos e propriedades, mesmo entre perseguições. E no mundo futuro a vida eterna. Muitos que agora são os primeiros, serão os últimos; e muitos que agora são os últimos, serão os primeiros".*

Myers observa que "a incredulidade dos discípulos mostra que para eles não está absolutamente claro que é possível a salvação de alguém se também não for salvo quem é piedoso e se acha no topo da escala social. Esta suposição ter-se-ia baseado na ideologia dominante, que determinava que *riqueza é = bênção de Deus*. Isso Jesus repudia. A seu ver, o único caminho dos ricos para a salvação é a redistribuição da riqueza, ou seja, a erradicação da opressão de classe"[72].

Pedro fez uma pergunta obviamente interesseira. Como a do militante que, hoje, se inscreve em um partido político e quando a eleição é ganha indaga qual cargo haverá de ocupar. Pedro ti-

---

72. Op. cit., p. 333.

nha consciência do risco de ser discípulo de Jesus e queria saber se seria recompensado. Ou, quem sabe, ainda abraçasse a ideia de um Reino de Deus situado apenas do outro lado desta vida e, como o homem rico, esperasse garantia de salvação.

A resposta de Jesus começou pelo aqui e agora. Quem abraça a proposta do Reino e, portanto, renuncia à posse de bens e se desvencilha de certos vínculos afetivos, "haverá de receber, ainda nesta vida, cem vezes mais casas, irmãos, irmãs, mães, filhos e propriedades, mesmo entre perseguições". Interessante observar que Jesus não incluiu pai. Pai, para Ele, havia um único: Deus. Também não falou em deixar esposa. Sabemos, por Marcos, que Pedro era casado e, possivelmente, outros participantes do Grupo dos Doze tinham mulheres.

Todos os militantes políticos ou de causas sociais sabem como isso é verdadeiro. Eu não possuo casa própria, mas tenho inúmeros companheiros e companheiras de jornada, e sei que esta noite poderia bater à porta de um deles, em diversas cidades do Brasil, e ser bem acolhido. São meus irmãos e irmãs. Literalmente multiplicados por cem! E o detalhe acrescido por Jesus é significativo – "mesmo entre perseguições". Quem sofreu perseguição, como me aconteceu sob a ditadura militar, sabe o quanto isso é pertinente. Nunca me faltou um teto para me abrigar, apesar dos riscos assumidos por quem me abria coração e porta.

"E, no mundo futuro, a vida eterna", concluiu Jesus, para responder à pergunta do homem rico escutada pelos discípulos. Na lógica do Reino, Jesus inverte as posições de importância: os últimos serão os primeiros; os primeiros, os últimos. Para bom entendedor meia palavra basta[73].

---

73. Mercedes Lopes e Carlos Mesters descrevem as mudanças que devem ocorrer na vida de quem se dispõe a seguir Jesus: "1) *Com os que não são da comunidade*, o máximo de abertura: "Quem não é contra nós é a nosso favor" (*Marcos* 9,38-40); 2) *Com os pequenos e os excluídos*, o máximo de aco-

> *Viajavam rumo a Jerusalém, e Jesus ia à frente. Estavam inquietos e caminhavam com medo. Jesus de novo chamou os Doze à parte e passou a preveni-los do que aconteceria com eles: "Estamos subindo para Jerusalém. Lá o Filho do Homem será entregue aos chefes dos sacerdotes e aos doutores da Lei. Haverão de condená-lo à morte e entregá-lo aos pagãos. Vão humilhá-lo, cuspir nele, torturá-lo e matá-lo. Mas depois de três dias Ele ressuscitará".*

O percurso entre a Galileia e Jerusalém se cobria em três ou quatro dias de caminhada.

Jesus, que sempre se manteve afastado do centro do poder (Jerusalém), decidiu encará-lo. Os discípulos ficaram com medo. Sabiam que caminhavam rumo à boca do leão. E Jesus não se fez de rogado. Alertou-os sem meias palavras de que haveriam de sofrer. Contudo, a vida prevaleceria sobre a morte.

> *Tiago e João, filhos de Zebedeu, se aproximaram de Jesus para dizer: "Mestre, queremos que nos conceda tudo o que vamos pedir". "O que querem de mim?" "Quando o senhor chegar à sua glória, permita que um de nós possa sentar à sua direita e, outro, à esquerda." Jesus ponderou: "Não sabem o que pedem. Podem beber do cálice que vou beber e ser batizados no batismo que vou ser batizado?" "Podemos", asseguraram. Jesus prosseguiu: "Vocês vão beber do cálice que vou beber e serão batizados no batismo em*

---

lhimento: acolher os pequenos por serem de Cristo, e não ser motivo de escândalo para eles (*Marcos* 9,42-50); 3) *No relacionamento homem-mulher*, o máximo de igualdade: Jesus tira o privilégio do homem frente à mulher e proíbe mandar a mulher embora (*Marcos* 10,1-12); 4) *Com as crianças e suas mães*, o máximo de ternura: acolher, abraçar, abençoar, sem medo de contrair alguma impureza (*Marcos* 10,13-16); 5) *Com os bens materiais*, o máximo de desprendimento: "uma só coisa te falta: vai, vende tudo o que tens e dá aos pobres" (*Marcos* 10,17-27); 6) *Entre os discípulos*, o máximo de partilha: quem deixar irmão, irmã, pai, filhos, terra por causa de Jesus e do Evangelho, terá cem vezes mais, com perseguições (*Marcos* 10,28-31)" (Op. cit., vol. 184/185, p. 19; grifos dos autores).

que serei batizado. Mas quanto a tomarem assentos, um à minha direita e, outro, à minha esquerda, isso não depende de mim. Deus é quem dará esses lugares àqueles para os quais preparou".

O pedido de Tiago e João demonstra que eles ainda não tinham entendido a proposta de Jesus. Possivelmente achavam que a subida a Jerusalém resultaria no milagre de Jesus tomar o poder em Israel e tornar-se o novo rei libertador. Embora Jesus falasse em Reino de Deus, o modelo que tinham na cabeça remetia ao reino de César. Por isso, utilizaram uma imagem própria do domínio imperial. Queriam ocupar lugar de importância no novo Reino, logo abaixo de Jesus.

Jesus reagiu frisando que não sabiam o que pediam. Estavam com a cabeça nas nuvens... O Mestre os trouxe à realidade ao indagar se podiam beber do cálice que Ele beberia e serem batizados como Ele seria batizado – o batismo de sangue! E sabemos que não foi um dos Doze que tomaram lugar à direita ou à esquerda de Jesus. Paradoxalmente foram dois bandidos pregados ao lado dele na cruz. Ou seja, os últimos foram os primeiros.

Quando os outros discípulos ouviram isso, ficaram com raiva de Tiago e João. Jesus chamou-os e observou: "Vocês sabem que aqueles que governam as nações têm poder sobre elas e os seus representantes também exercem poder. Entre vocês não deverá ser assim. Quem quiser ser importante, torne-se servo de todos; e todo aquele que quiser ser o primeiro, seja servidor de todos. Porque o Filho do Homem não veio para ser servido, mas para servir, e dar a sua vida para a libertação de muitos".

Não sabemos se os outros discípulos ficaram indignados com o pedido descabido de João e Tiago, por não entenderem a diferença qualitativa entre os reinos de César e de Deus, ou por perceberem que estavam sendo passados pra trás... O relato mostra que eram humanos como nós. Entre o Doze havia, como em quase todos os movimentos sociais hoje em dia, disputas de posições, ciumeira, competição.

Jesus deixou clara a radical diferença de caráter entre os reinos de César e de Deus. Na estrutura de domínio imperial, os poderosos mandam e o povo obedece. No projeto do Reino, já em realização ali na Galileia e onde quer que se reproduzam relações de solidariedade e partilha, poder é serviço, como nas aldeias percorridas por Jesus, onde até os líderes serviam uns aos outros. O mesmo acontece hoje em muitas aldeias indígenas.

> *Chegaram a Jericó. Mais tarde, Jesus saiu da cidade acompanhado de seus discípulos e de grande número de pessoas. Sentado à beira da estrada se encontrava um mendigo cego, Bartimeu, filho de Timeu. Ao ouvir dizer que se tratava de Jesus de Nazaré, começou a gritar: "Jesus, filho de Davi, tem compaixão de mim!" Muitos o repreenderam e pediram que se calasse, mas ele gritou ainda mais alto: "Filho de Davi, tem compaixão de mim!" Jesus parou e disse: "Chamem o cego". Foram chamá-lo, dizendo: "Coragem! Levanta-se, Jesus mandou chamá-lo". O cego largou o manto, ergueu-se de um salto e foi ao encontro de Jesus, que lhe perguntou: "O que você quer de mim?" "Raboni[74], quero ver de novo!" Jesus disse-lhe: "Pode ir, a sua fé curou você". No mesmo instante, o cego recuperou a visão e seguiu Jesus.*

O caminho que conduz da Galileia à Judeia passa por Jericó, uma das cidades mais antigas do mundo, situada cerca de 30km de Jerusalém. Rota dos peregrinos que se dirigiam ao Templo, naquela estrada os pobres se postavam à espera de esmolas. Jesus atendeu Bartimeu, mas não disse "eu curei você". Disse "a sua fé curou você". Uma lição aos discípulos que ainda não enxergavam

---

74. De Rabi, Mestre.

direito a proposta do Reino. Tomados pela miopia política, não a encaravam pelos olhos da fé.

O homem rico não foi capaz de abrir mão de seus bens para seguir Jesus, mas Bartimeu abandonou o único bem que possuía, o manto.

Capítulo 11

Jesus e os discípulos, ao se aproximarem de Jerusalém, chegaram aos arredores de Betfagé e de Betânia[75], perto do Monte das Oliveiras. Dali Jesus enviou dois de seus discípulos, dizendo a eles: "Vão até o povoado que está na frente de vocês. Ao entrarem, encontrarão, amarrado, um jumentinho que nunca foi montado. Desamarrem o animal e o tragam aqui. Se alguém perguntar: 'Por que fazem isso?', respondam: 'O Senhor precisa dele, mas daqui a pouco irá devolvê-lo'".

Jesus tinha plena consciência de que as autoridades de Jerusalém o consideravam subversivo e blasfemador. Ora, blasfemadoras eram as autoridades religiosas de Israel que manipulavam o nome de Deus para oprimir o povo e enriquecer. Mas subversivo Jesus era. Como escreveu Carlos Bravo, "a prática de Jesus deve ser qualificada como subversiva no sentido mais estrito da palavra: *mudança* realizada *a partir de baixo*, da base do povo, a partir da raiz do problema. Sua prática especificamente religiosa perturba a lógica dominante e incide no econômico e no político, porque essa é a qualidade do Reino"[76].

Jerusalém era, para Jesus, um terreno minado. Por isso, tomou todas as precauções para entrar na cidade que, na época da festa da Páscoa, chegava a abrigar 70 mil peregrinos. De início, Jesus preferiu ficar na periferia, em Betfagé e Betânia, localida-

---

75. Betânia significa, etimologicamente, "casa da pobreza".

76. GALLARDO, C.B. *Jesus, homem em conflito*, p. 310; grifos do autor.

des vizinhas, distantes 3km da capital da Judeia. Dali enviou dois discípulos para buscarem o jumentinho no qual ele entraria em Jerusalém.

Ora, Jesus não era adivinho. Tudo indica, portanto, que Ele preparara os detalhes com antecipação. Ingressaria na cidade sagrada como previra o profeta Zacarias ao se referir ao novo rei de Israel (9,9): "Ele é pobre, vem montado num jumento, um jumentinho, filho de uma jumenta". Montar um animal daquele e não um garboso cavalo era símbolo do antimessias triunfal aguardado pelo povo.

É possível que Marcos tenha levado em conta, ao descrever a entrada de Jesus em Jerusalém, o ingresso, na mesma cidade santa, do libertador Simão Macabeu, no século II a.C.: "Entraram aos gritos e levando ramos, tocando cítaras, címbalos e harpas, entoando hinos e cânticos" (*Primeiro Livro dos Macabeus* 13,51). E também do líder sicário Menaém, no ano 66, durante os primeiros meses da revolta judaica contra a dominação romana, quando ingressou em Jerusalém na condição de rei, após tomar de assalto a fortaleza de Massada[77].

Tudo indica que Marcos usou, ao descrever a entrada "triunfal" de Jesus em Jerusalém, o recurso teatral chamado *hyporchema*, muito utilizado por Sófocles em suas peças. Consiste em preceder o desfecho trágico (no caso, a cruz) de cantos, danças e explosão de alegria, de modo a enfatizar o contraste entre o "rei" aclamado e o Servo Sofredor crucificado.

Uma pessoa contatada por Jesus ou por mensageiro dele amarrou o animal em local previamente combinado. E como saber se os homens que se aproximaram para desamarrá-lo eram mesmo enviados por Jesus? Possivelmente graças à senha dita pelos dois discípulos: "O Senhor precisa dele..."

---

77. Cf. MYERS. Op. cit., p. 354.

> *Eles foram e encontraram o jumentinho amarrado do lado de fora, na rua, diante de uma porta. Estavam desamarrando, quando algumas pessoas dali perguntaram: "Ei, o que estão fazendo? Por que soltam o jumentinho?" Responderam como Jesus havia instruído; então, deixaram que o levassem.*

Fica claro que o jumentinho amarrado, à espera de que viesse alguém buscá-lo para Jesus, estava sob vigilância de seu dono. Poderia ser roubado. Porém, os emissários de Jesus disseram a senha e, assim, puderam levar o animal.

> *Conduziram o jumentinho a Jesus e puseram sobre ele os próprios mantos; Jesus montou. Muitas pessoas estenderam seus mantos pelo caminho; outros cortaram ramos das árvores e espalharam pelo chão. Tanto os que caminhavam na frente, como os que vinham atrás, clamavam: "Hosana![78] Bendito o que vem em nome do Senhor! Bendito o Reino que terá início, o reino de Davi, nosso pai! Hosana no mais alto dos céus!"*

A entrada "triunfal" de Jesus em Jerusalém foi o avesso de todas as pompas imperiais. Óbvio modo de caçoar dos poderosos. Não veio montado em um belo e imponente cavalo, como faziam os imperadores. A "ornamentação" se resumia a galhos de árvores e mantos dos populares.

---

78. A palavra "hosana" tem origem em três idiomas. No latim, *"hosanna"* significa "saudação", "louvor", "aclamação". Em hebraico, *"hoshi'anna"* seria "salva-nos". Era o que o povo sofrido gritava, enquanto Jesus passava montado em um simples jumento. O povo pedia a salvação, reconhecia que aquele diante deles era o tão esperado Salvador, que iria libertá-lo de todo o sofrimento. Ainda há a versão em aramaico da palavra "hosana", a mais utilizada nos dias de hoje. Seu significado é "peço-te a salvação". Quando Jesus entrou em Jerusalém foi recebido como rei. "Hosana!", exclamava a multidão. A palavra era utilizada também para expressar alegria, equivalendo à interjeição "viva!"

> *Jesus entrou em Jerusalém, dirigiu-se ao Templo e observou tudo a seu redor. Depois, como já era tarde, voltou para Betânia com os Doze.*

Segundo muitos teólogos e biblistas, apesar dos riscos, Jesus subiu para Jerusalém na esperança de que houvesse coincidência entre seu tempo pessoal e o tempo histórico. Com o Filho situado no coração religioso de Israel (o Templo), Deus faria o Reino acontecer. Por isso, "observou tudo a seu redor". E nada aconteceu[79]. Jesus então se deu conta de que seu fim estava próximo e a realização plena do Reino, distante.

> *No outro dia, ao saírem de Betânia, Jesus sentiu fome. Viu ao longe uma figueira coberta de folhas e foi ver se encontrava nela algum fruto. Ao se aproximar da árvore só encontrou folhas, pois não era época de figos. Então, disse à figueira: "Jamais alguém coma de seus figos!" Os discípulos ouviram a maldição.*

Para os hebreus, as plantas tinham significado moral e simbólico. A figueira é citada em vários trechos do Primeiro Testamento como símbolo de paz, segurança e prosperidade (*Jeremias* 8,13; *Oseias* 9,10.16; *Miqueias* 7,1; *Joel* 1,7.12). "O florescimento da figueira e a sua produção de frutos constitui elemento descritivo em passagens que relatam a visita de Javé a seu povo com bênção, ao passo que a morte da figueira, a destruição ou ausência de seu fruto figuram em imagens que retratam o *julgamento de Javé* sobre o seu povo ou seus inimigos"[80].

É bom lembrar novamente que Marcos escreveu seu relato evangélico trinta anos depois da ressurreição de Jesus. Portanto,

---

79. Cf. BOFF, L. *Paixão de Cristo, paixão do mundo*. Petrópolis, Vozes, p. 111.

80. TELFORD, W.R. (1980), apud MYERS. Op. cit., p. 357; grifos do autor citado.

fez uma leitura retrospectiva dos fatos. Assim, há muito de simbólico no que ele narra, pois não tinha a intenção de fazer um registro biográfico, histórico ou jornalístico.

A fome sentida por Jesus expressa seu ardor religioso, fome de Deus, e a figueira simboliza o Templo. As folhas, o suntuoso adorno que o recobria. Porém, não dava frutos, não gerava vida, ou seja, as atividades religiosas intensas que ali ocorriam eram estéreis. Por isso foi amaldiçoada por Jesus.

Como o povo vivia oprimido pelo Templo, Jesus procurou desmascará-lo para que as pessoas abrissem os olhos.

> *Chegaram a Jerusalém. Jesus entrou no Templo e começou a expulsar os que ali vendiam e compravam; derrubou as mesas dos cambistas e as cadeiras dos vendedores de pombas[81]. Não deixava ninguém transportar algum objeto pelo Templo. E ensinou ao povo frisando: "Não está gravado nas Escrituras: 'Minha casa será chamada casa de oração para todos os povos? (Isaías 56,7). Mas vocês fizeram dela um covil de bandidos'"[82].*

Em seu primeiro dia em Jerusalém, Jesus entrou no Templo e apenas "observou tudo a seu redor". Viu que, ali, o nome de Deus estava sendo profanado, e não santificado, como invocamos no *Pai-nosso* ("Santificado seja o vosso nome"). Marcos acrescenta que "como já era tarde, voltou para Betânia com os Doze". No dia seguinte, Jesus retornou ao Templo. Reagiu ao que havia

---

81. "Atacar o Templo era atacar o coração do povo judaico, o símbolo ao redor do qual gira todo o resto, o centro da vida religiosa, social e política" (PAGOLA. Op. cit., p. 429).

82. Jesus usou o termo *lestés* (assaltante), e não *kleptés* (ladrão). A cada ano o Templo recolhia, em impostos, o equivalente a dezessete toneladas de prata. Além de dízimos, venda de animais para os sacrifícios, operações de câmbio etc. (cf. GALLARDO, C.B. *Jesus, homem em conflito*. São Paulo, Paulinas, 1997, p. 223. • JEREMIAS, J. *Jerusalém no tempo de Jesus*. São Paulo: Paulinas, 1983, pp. 71-72, 79-84).

observado. Assumiu ali uma atitude violenta para interromper as atividades do Templo. Para se justificar, citou dois importantes profetas, Isaías e Jeremias. Este havia dito o mesmo contra o Templo original de Jerusalém (*Jeremias* 7,11), depois destruído por Nabucodonosor II, rei da Babilônia (atual Iraque), em 586 a.C. Foi reconstruído após o exílio dos hebreus na Babilônia, a partir de 535 a.C., e restaurado pelo rei Herodes, a partir de 18 a.C.

Os primeiros leitores de Marcos tinham na memória as referências dos dois profetas. Isaías (56,1-8) expressou a vontade de Deus no propósito de *inclusão*: "O estrangeiro que aderiu a Javé não diga: 'Com certeza Javé vai me excluir do seu povo'. [...] Aos estrangeiros que aderiram a Javé para prestar-lhe culto, para amar a Javé e serem seus servos [...] eu os levarei para a minha montanha santa, vou fazê-los felizes na minha casa de oração, [...] porque a minha casa será chamada casa de oração para todos os povos".

E as palavras de Javé no texto de *Jeremias* (7,3-11) são igualmente contrárias ao que se praticava no Templo na época de Jesus: "Se vocês não oprimirem o estrangeiro, o órfão e a viúva [...] então eu continuarei morando com vocês neste lugar. [...] Este Templo, onde o meu nome é invocado, será por acaso esconderijo de ladrões?"

Indignado, Jesus reagiu corajosamente contra a profanação da casa dedicada a seu Pai. A casa do Pai havia sido transformada em antro de bandidos. Os vendedores comercializavam vítimas para os sacrifícios, além de vinho, azeite e sal. E os compradores eram os fiéis e peregrinos que precisavam desses produtos para o culto. Ali os sacerdotes extorquiam as pobres viúvas, faziam câmbio de moedas[83], cobravam caro pela venda dos animais oferecidos em sacrifício.

---

83. A única moeda aceita no Templo era o *shekel*, de Tiro, a mais forte e estável na época. Os peregrinos vindos de várias regiões do império eram obrigados a fazer a troca de suas moedas em bancas de câmbio.

O Templo era o coração econômico do país. Angariava fortunas provenientes de dízimos, esmolas, impostos e venda de animais para os sacrifícios. Todos os judeus eram obrigados a pagar o imposto da didracma[84] para o Templo, o que somava cerca de 15 milhões de denários por ano. Jesus não queria uma casa de oração exclusiva dos judeus. Queria "uma casa de oração para todos os povos". Esta é a natureza católica (palavra que significa "universal") do Cristianismo.

Devemos observar, entretanto, que não foi a atividade comercial dentro do Templo que causou indignação e revolta em Jesus. Isso era admissível, pois o Templo de Jerusalém era fundamentalmente uma instituição econômica. Ali se empregavam "fabricantes de cortinas, barbeiros, manufatureiros de incenso, ourives, escavadores de fossos e inúmeros outros"[85].

O que incomodou Jesus foram "os *interesses e lucros da classe dirigente* que controlava os empreendimentos comerciais no mercado do Templo"[86]. E a intensa atividade dos cambistas, que trocavam o dinheiro romano ou grego dos peregrinos por moedas da Judeia ou de Tiro, as únicas aceitas para pagar as dívidas com o Templo ou fazer ofertas.

Os mais explorados ali dentro eram os pobres e os "impuros", como os doentes. Tidos como cidadãos de segunda classe, se viam obrigados a oferecer sacrifícios como reparação de sua condição social considerada inferior. Jesus agiu para desacreditar toda aquela estrutura simbólica que, em nome de Deus, discriminava a maioria do povo.

> *Os sumos sacerdotes e os doutores da Lei ouviram o que Ele disse e começaram a traçar um plano para*

---

84. Equivalente a duas dracmas.

85. MYERS. Op. cit., p. 360.

86. Ibid., p. 361; grifos do autor citado.

assassiná-lo. Procuravam um modo de matá-lo. Mas tinham medo de Jesus, porque o povo estava admirado com o que Ele ensinava. Ao entardecer, Jesus e os discípulos saíram da cidade.

Sumos sacerdotes e escribas integravam o Sinédrio, a suprema corte do poder em Israel[87]. As autoridades político-religiosas, diante da atitude rebelde de Jesus, armaram um plano para matá-lo, assim como, no passado, os funcionários do Templo quiseram linchar o profeta Jeremias após seu oráculo que anunciou o julgamento de Deus contra o Templo (*Jeremias* 26). Mas Jesus precisava ser eliminado longe do povo, que o admirava e apoiava.

Na manhã seguinte, ao passarem junto da figueira, viram que ela secara até a raiz. Pedro se lembrou do que tinha ocorrido na véspera e disse a Jesus: "Olha, Mestre, como secou a figueira amaldiçoada!" Jesus retrucou: "Tenham fé em Deus. Garanto a vocês: se alguém disser a esta montanha: 'Levante e jogue-se no mar', e não duvidar em seu coração, mas acreditar que isso acontecerá, isso haverá de acontecer. E digo-lhes: tudo o que pedirem na oração, acreditem que já receberam, pois será dado a vocês. E quando fizerem oração, perdoem se guardam algum ressentimento contra alguém, para que também o Pai que está nos céus perdoe os pecados de vocês. Mas se não perdoarem, tampouco o Pai que está nos céus perdoará os seus pecados".

A figueira (o Templo) "secara até a raiz". Uma planta que seca desse modo não tem recuperação. Deve ser arrancada e jogada fora. Jesus não alimentava esperança de restaurar o Templo.

---

87. "Depois que a Judeia se tornou província romana em 6 d.C., o Sinédrio passou a ser sua principal entidade política. Uma comissão do Sinédrio era encarregada das finanças [...]. Além do mais, o Sinédrio era, naquela época, o primeiro tribunal de justiça comunitário na província e, finalmente, a suprema corte jurídica judaica em toda a Judeia" (JEREMIAS, 1969, apud MYERS. Op. cit., p. 368).

Deus não habitava aquele lugar. Habitava e habita o coração das pessoas, sobretudo dos mais pobres, cujas vidas – dom maior de Deus – são ameaçadas pelas injustiças estruturais.

O Templo de Jerusalém, construído 900 anos antes da época de Jesus, foi destruído pela invasão romana no ano 70 d.C. Dele só restou o atual Muro das Lamentações, ainda hoje o lugar mais sagrado para os judeus. Portanto, Marcos põe na boca de Jesus algo que já havia ocorrido: a destruição do Templo construído sobre o monte Moriá. E assim como Jesus teria previsto a destruição do segundo Templo (segundo porque o rei Herodes iniciou a sua reconstrução dezoito anos antes do nascimento de Jesus), o profeta Miqueias previu a derrubada do primeiro Templo *pelas mesmas razões*: "[...] seus sacerdotes ensinam a troco de lucro, e seus profetas proferem oráculos por dinheiro. E ainda ousam apoiar-se em Javé, dizendo: 'Javé não está no meio de nós? Nada de ruim poderá nos acontecer'. Por culpa de vocês [...] Jerusalém se tornará um montão de ruínas e o monte do Templo será uma colina cheia de mato!" (3,9-12).

Marcos intercala na descrição da trajetória de Jesus em plena festa da Páscoa algo que, aparentemente, nada tem a ver com a ação subversiva do Mestre e do cerco preparado pelas autoridades para assassiná-lo, quando registra que Jesus ensinou aos discípulos que a fé é capaz de transportar montanhas e a oração não deve ser feita por um coração ressentido. É preciso aliviá-lo pelo perdão, assim como o Pai/Mãe perdoa os nossos pecados.

O que tem isso a ver com o Templo? Muito. Jesus quis frisar aos discípulos que o verdadeiro templo de Deus é o coração humano. Não adianta oferecer sacrifícios, acender velas, fazer romarias e encomendar missas, se não alimentamos a fé pela oração e não somos capazes de amar assim como Deus nos ama. Jesus deslocou a prática religiosa de um lugar geográfico (o Templo, a igreja) para o coração humano.

Jesus e os discípulos foram de novo a Jerusalém. Quando andava pelo Templo, aproximaram-se dele os chefes dos sacerdotes, os doutores da Lei e os anciãos, e perguntaram: "Com que direito você faz essas coisas? Quem lhe deu autoridade para agir assim?" Jesus retrucou: "Também faço uma pergunta a vocês e quero resposta. Então direi com que direito faço essas coisas. O batismo de João vinha do céu ou dos homens? Digam". Eles debateram entre si: "Se dissermos: 'Do céu', Ele perguntará: Por que razão vocês não acreditaram nele? Se, ao contrário, dissermos: 'Dos homens', o povo pode ficar contra nós". Sim, eles tinham medo do povo, porque muita gente considerava João um profeta. Então, responderam a Jesus: "Não sabemos". Jesus concluiu: "Eu tampouco direi a vocês com que direito faço essas coisas".

Convém recordar que Jesus, ao iniciar sua atividade, pregou na sinagoga de Nazaré e as pessoas ali presentes se admiraram "porque ensinava como quem tem autoridade, e não como os escribas". Ora, isso soava como um disparate aos ouvidos dos escribas, fariseus e anciãos do Templo, que se julgavam os únicos investidos de autoridade. Só eles eram os responsáveis pela ortodoxia. Como um galileu, pregador ambulante, ousava ter uma autoridade acima da deles? Um acinte!

Contudo, Jesus era sumamente inteligente, perspicaz. Em vez de responder a pergunta provocativa, lançou também uma pergunta a seus inimigos. Ele sabia que aquela gente do Sinédrio não aprovava a atividade pastoral de João Batista, e até se sentira aliviada com a morte dele. Menos um concorrente! Porém, como João era muito querido pelo povo, não ousaram criticá-lo. Recusaram-se, pois, a se definir diante da questão posta por Jesus. Se admitissem que a autoridade de João vinha "do céu", estariam afirmando que procedia de Deus e, portanto, prescindia da intermediação deles e do Templo. Seria reconhecer que o Templo e os sacrifícios ali oferecidos não eram necessários para o perdão dos pecados e para se aproximar de Deus. Se respondessem que o batismo de João vinha "dos homens", estariam contrariando a opinião do povo, que tinha João na conta de um profeta que agia movido por Deus. Por isso disseram "não sabemos". Do mesmo modo, Jesus se negou a dizer-lhes com que autoridade agia daquele modo. Sabia que eram incapazes de reconhecer os sinais de Deus em suas ações.

Jesus deixou evidente que a ortodoxia mais piedosa corre o risco de se fechar à possibilidade de que Deus se manifeste por outros meios que não os "canônicos", os que não são aceitos pelas autoridades religiosas. Assim congelada, ela pode chegar ao ponto (e acontece muitas vezes) de matar em nome de Deus.

Capítulo 12

Jesus passou a falar em parábolas: "Um homem plantou uma vinha, cercou-a, fez um tanque para pisar a uva e edificou uma guarita para vigiá-la. Depois arrendou a vinha para agricultores e viajou para o estrangeiro".

"Na época da colheita, ele mandou um empregado falar com os agricultores e receber deles uma parte do lucro da venda das uvas. Os agricultores agarraram o empregado, bateram nele e o mandaram embora de mãos vazias. Então, o dono da vinha enviou outro empregado. Os agricultores deram-lhe pancadas na cabeça e o ofenderam com muitos palavrões. O dono da vinha enviou um terceiro empregado e os agricultores o assassinaram. Depois, enviou mais empregados. Uns foram espancados, outros, mortos. Sobrou ao dono apenas o seu filho único, por quem tinha muito amor. Enviou-o ao encontro dos agricultores: 'Pelo meu filho eles terão respeito!' Os agricultores comentaram entre si: 'Este é o herdeiro! Vamos matá-lo e ficar com a herança!' Agarraram o filho, assassinaram-no e jogaram o corpo fora da plantação".

"Qual será a reação do dono da vinha? Ele retornará, dará fim aos agricultores e entregará a vinha a outros[88]. Vocês, por acaso, nunca leram na Escritura: "A pedra que os construtores rejeitaram tornou-se a pedra angular. Isto é obra de Deus e ela é admirável aos nossos olhos?" (Salmo 117,22s.).

---

88. Segundo Myers, "estas são as mais duras e as mais revolucionárias palavras existentes no Evangelho" (Op. cit., p. 501).

Marcos ressalta que o dono da vinha enviou "o seu filho único, por quem tinha muito amor". Um paralelo com a descrição do batismo de Jesus, quando a voz divina proclama "Eis o meu Filho muito amado".

É preciso situar o texto de Marcos no contexto de Jesus. As pessoas que ouviam o que Jesus dizia, em especial quando falava em parábolas, tinham na memória as referências do Primeiro Testamento. Apreendiam o sentido das palavras de Jesus melhor do que nós, leitores do século XXI, que não precisamos guardar na memória o que podemos encontrar em livros ou na internet.

O público ouvinte de Jesus era, na maioria, camponeses ou pequenos agricultores que conheciam muito bem as relações de trabalho retratadas na parábola. No tempo de Jesus, famílias ricas, como as dos sumos sacerdotes e da corte de Herodes Antipas, possuíam grandes extensões de terra na Galileia. Viviam em suas mansões em Jerusalém e deixavam o cultivo por conta de arrendatários e meeiros, em geral agricultores que, endividados, haviam perdido suas pequenas propriedades e buscavam trabalho nas grandes fazendas. Embora as leis mosaicas valorizassem a propriedade familiar da terra, isso já não caracterizava o sistema fundiário na época de Jesus. As cortes judaica e romana se apoderavam das propriedades dos pequenos agricultores, oprimidos pelo regime tributário, que agravava o endividamento e o empobrecimento da população.

Nem sempre Jesus tirava da imaginação as parábolas que proferia. Esta da vinha, por exemplo, foi inspirada no capítulo 5 do *Livro do Profeta Isaías*: "Meu amigo possuía uma vinha em fértil colina. Capinou a terra, tirou as pedras e plantou nela videiras de uvas vermelhas" etc. Inspirou-se também no episódio da vinha de Nabot, descrito no capítulo 21 do *Primeiro Livro dos Reis*.

Assim como o relato de Isaías, escrito sete séculos antes de Jesus, esta parábola é, como todas, uma alegoria crítica às autoridades político-religiosas. O homem que plantou a vinha é Deus. O fruto da vinha, o vinho, simboliza a festa, a vida farta e feliz. Deus entregou a vinha, ou seja, a sua obra aos hebreus, os agricultores que deveriam cultivá-la. E, mais tarde, cobrou parte do lucro da venda das uvas, ou seja, fidelidade. Para tanto, enviou profetas ao povo hebreu, que foram recebidos com violência e morte. Por fim, vem o filho único, Jesus. E é assassinado. A vinha, então, foi "entregue a outros", àqueles que são capazes de cultivar, de realizar o projeto de Deus na história.

Como assinala Horsley, "os camponeses palestinos conheciam por experiência própria a realidade da vida retratada na parábola dos vinhateiros. Eles teriam se sentido vingados ao ouvir essa história que mostrava claramente que Deus agiria contra os governantes sacerdotais, predadores de Israel – os arrendatários da vinha de Deus – e daria a vinha a outros, isto é, as devolveria a seus herdeiros legítimos, as famílias camponesas, às quais ela havia sido inicialmente dada como herança. Os ouvintes camponeses entre a multidão teriam entendido a parábola só depois de reconhecerem sua aplicação, isto é, ao perceberem que os arrendatários distantes e violentos eram a elite de Jerusalém"[89].

Procuravam prendê-lo. Os líderes religiosos tinham entendido muito bem que Jesus contara a parábola para criticá-los. Mas ficaram com medo da reação popular e, por isso, deixaram Jesus e foram embora.

As autoridades que ouviram a parábola vestiram a carapuça. Identificaram-se com os plantadores de uva que maltrataram e assassinaram os emissários do patrão. Daí o ímpeto de prender Jesus, fazê-lo se calar. Porém, devido ao prestígio que o Nazareno tinha junto ao povo, acharam mais prudente aguardar outra oportunidade.

---

89. HORSLEY, R.A. *Jesus e o império*. São Paulo: Paulus, 2004, p. 101.

*As autoridades enviaram alguns fariseus e hero-
dianos para apanharem Jesus em alguma palavra.
Aproximaram-se dele e disseram: "Mestre, sabemos
que é sincero e não procura agradar a ninguém, porque não olha para as aparências dos homens, ensina
o caminho de Deus segundo a verdade. Diga-nos: É
permitido pagar imposto a César ou não? Devemos
ou não pagar?"*

"Apanharem Jesus em alguma palavra" significa fazê-lo cair em contradição e, assim, poderem condená-lo. Fariseus e herodianos usaram a adulação ("é sincero e não procura agradar a ninguém") para estender a casca de banana na qual Jesus deveria escorregar.

Expuseram a Ele uma questão muito delicada que implicava dois fatores: o ético (se era correto pagar imposto aos romanos) e o político (a recusa de fazê-lo era considerada indício de sedição).

Jesus trazia na memória o que ocorrera durante a sua infância em Séforis, localizada a apenas 5km de Nazaré. Judas, o Galileu, liderou uma revolta para induzir o povo a não pagar imposto aos romanos. O Império coletava na Palestina, anualmente, 600 talentos (ou 6 milhões de denários). Houve um massacre generalizado. Muitos revoltosos foram vendidos como escravos e, outros, crucificados e expostos às margens das estradas até seus corpos serem devorados por aves de rapina. Porém, a bandeira erguida por Judas permanecia hasteada na memória do povo: aquela terra pertencia a Deus, e Roma não tinha o direito de se apropriar dela e cobrar impostos pelo seu uso. Pagar o tributo significava legitimar a dominação romana.

Os interrogadores perguntaram "Devemos ou não pagar?" Ou seja, ao usar o verbo no plural incluíram Jesus...

*Conhecendo-lhes a hipocrisia, respondeu Jesus: "Por
que querem me armar uma cilada? Mostrem-me um
denário". Apresentaram-lhe a moeda. E Jesus per-*

guntou: "De quem é esta imagem e a inscrição?"
"De César", responderam-lhe. Jesus replicou: "De-
volvam a César o que é de César, e a Deus o que é de
Deus". Eles ficaram perplexos.

Jesus não se deixou incluir. Não trazia consigo um denário. Aliás, esta é uma das passagens mais utilizadas por aqueles que insistem em despolitizar o Evangelho e a militância de Jesus. Como se Ele marcasse nítida separação entre o Estado e a Igreja, e mandasse seus seguidores respeitar o governo e suas leis, ainda que injustas ou decretadas por uma ditadura. Ou seja, pagar o imposto cobrado pelo Estado e ser fiéis a Deus.

Ora, os fariseus e os partidários de Herodes não teriam feito tal pergunta-cilada se considerassem que política e religião são duas esferas totalmente diferentes. Eles sabiam muito bem que, segundo a Lei de Moisés, não era lícito pagar tributo a César. Contudo, se não o fizessem podiam ser acusados de rebeldia.

De modo inteligente, Jesus não caiu na cilada. Não disse que não era permitido pagar imposto aos romanos. Evitou o confronto direto com os ocupantes estrangeiros. Mas também não justificou o imposto. Nem se manteve neutro. Ao responder "devolvam a César o que é de César, e a Deus o que é de Deus", não quis demarcar a separação entre Estado e Religião, e sim criticar a ocupação da Palestina pelos romanos. Judeia, Samaria e Galileia eram de Deus, e não de César, que deveria tirar dali suas tropas e seus representantes, como o governador Pôncio Pilatos. Jesus quis ressaltar: "[...] não deis nunca a nenhum César o que só pertence a Deus: a dignidade dos pobres e a felicidade dos que sofrem"[90].

Cobrar impostos dos povos subjugados era uma das maneiras de os romanos humilharem e empobrecerem seus súditos. No

---

90. PAGOLA. Op. cit., p. 135.

tempo de Jesus, todos os habitantes da Palestina pagavam tríplice imposto: aos romanos; aos governantes das várias províncias, como a Herodes Antipas na Galileia; e o dízimo ao Estado-Templo judeu em Jerusalém. Ou melhor, os dízimos, porque todos tinham a obrigação de remeter ao Templo 10% do que produziam para manter os sacerdotes. E cada pessoa tinha que pagar meio siclo por ano para manter o serviço litúrgico cotidiano de oferta de sacrifícios. Meio siclo equivalia ao salário de dois dias de um trabalhador qualificado. E todas as famílias deviam destinar 10% da renda anual às três grandes festas que, anualmente, atraíam milhares de peregrinos: Páscoa (quando os judeus celebram a passagem da escravidão no Egito para a liberdade); Pentecostes (festa das colheitas. Pentecostes deriva de "penta", cinquenta dias depois da Páscoa); e Tendas (que comemora os 40 anos de travessia do deserto e a fragilidade do povo, abrigado em acampamentos). E de três em três anos a pessoa era obrigada a pagar mais um dízimo ao Templo para socorro dos pobres.

> *Os saduceus, que afirmavam não crer em ressurreição, vieram ao encontro de Jesus e perguntaram: "Mestre, Moisés prescreveu-nos: Se morrer o irmão de alguém e deixar mulher sem filhos, seu irmão case com a viúva e garanta posteridade ao irmão falecido. Ora, havia sete irmãos: o primeiro se casou e morreu sem deixar descendência. Então, o segundo se casou com a viúva, e também morreu sem deixar posteridade. Do mesmo modo o terceiro. E, assim, os sete se casaram com a viúva e não deixaram filhos. Por último, morreu também a mulher. Na ressurreição, a qual deles pertencerá a mulher? Pois os sete foram casados com ela".*
> *Jesus respondeu-lhes: "Vocês se enganam, porque não compreendem as Escrituras, nem o poder de Deus. Na ressurreição dos mortos, os homens não tomarão mulheres, nem as mulheres, maridos; serão*

todos como os anjos nos céus. E quanto à ressurreição dos mortos, vocês não leram no livro de Moisés como Deus falou a ele de dentro da sarça: 'Eu sou o Deus de Abraão, o Deus de Isaac e o Deus de Jacó'? (Êxodo 3,6). Ele não é Deus dos mortos, mas dos vivos! Vocês estão muito errados".

Os saduceus formavam uma das várias tendências do Judaísmo, a de famílias mais ricas e mais conservadores nas ideias e, no entanto, liberais na conduta. Entre o povo de Israel, eram os principais cúmplices da dominação romana, que assegurava seus privilégios[91].

Uma das características deles era aceitar como Palavra de Deus apenas os cinco primeiros livros do Primeiro Testamento, que formam a Torá, livro sagrado dos judeus, chamado também de Pentateuco (penta = por serem cinco). E não acreditavam na ressurreição dos mortos. Daí a pergunta capciosa que fizeram a Jesus.

Jesus não caiu na cilada armada por eles. Rejeitou a coisificação da mulher, como se ela fosse um objeto transferido de geração a geração. Nesse questionamento a Jesus, o que interessava aos saduceus era preservar a família patriarcal e conservar a posse da propriedade. Eles não se importavam com a pobre mulher que passara de mão em mão – ou de irmão a irmão – e não deixara descendência, a maior vergonha para uma mulher judia na época. A questão era a posse, a quem aquele "objeto" pertenceria na outra vida...

Na sociedade patriarcal na qual viveu Jesus, a mulher era considerada "propriedade" do homem. Primeiro, do pai; ao se casar, do marido; se ficar viúva, dos filhos ou retorna ao pai e irmãos. Era impensável uma mulher com autonomia. Além disso, era um ser impuro ao ficar menstruada e não tinha acesso aos

---

91. "Os saduceus gozam da confiança apenas dos ricos; não encontram seguidores entre a população de baixo nível" (FLÁVIO JOSEFO. *Antiguidades judaicas*, XIII, x, 6, apud MYERS. Op. cit., p. 377).

redutos sagrados do Templo. Ninguém deveria se aproximar dela e ficavam impuros os objetos que ela tocasse.

Jesus mostrou que a lógica humana não coincide com a de Deus. No Reino não haverá matrimônios patriarcais, nem estruturas econômicas e religiosas que favoreçam o patriarcado ou a sujeição da mulher ao homem. Portanto, Jesus denunciou a "teologia" deles como equivocada.

> *Aproximou-se de um dos escribas que ouvira a discussão e, ao ver que Jesus respondera bem, indagou: "Qual é o primeiro de todos os mandamentos?" Jesus respondeu: "O primeiro de todos os mandamentos é este: 'Ouve, Israel: o Senhor, nosso Deus, é o único Senhor!' E ame o Senhor seu Deus de todo coração, de toda alma, de todo o espírito e de todas as suas forças. Eis aqui o segundo: Ame o seu próximo como a si mesmo. Não existe outro mandamento maior do que estes dois".*
>
> *O doutor da lei replicou: "Perfeitamente, Mestre, como bem afirmou, Deus é um só e não há outro além dele. E amá-lo de todo o coração, de todo o pensamento, de toda a alma e de todas as forças, e amar o próximo como a si mesmo, é melhor do que todos os holocaustos e sacrifícios".*
>
> *Jesus viu que o doutor da lei havia falado com conhecimento de causa. E disse-lhe: "Você não está longe do Reino de Deus". E ninguém tinha coragem de fazer perguntas a Jesus.*

Um dos doutores da Lei deu razão a Jesus! Uma exceção entre tantos escribas que o Mestre encontrou ao longo de sua militância. Ele não privilegiava o culto e a pureza como vias de acesso a Deus, como os fariseus, e sim as vias da justiça e do amor. Por não serem capazes de praticar a justiça e amarem a Deus na relação com o próximo, os fariseus se apegavam aos 613 mandamentos da Lei de Moisés, dos quais 248 eram preceitos e 365 proibições. Nem todos os mandamentos tinham igual força.

Alguns fariseus consideravam que o mais importante era guardar o sábado; outros, o jejum; e outros ainda, pagar o dízimo.

Jesus tirou a sua citação referente ao próximo do *Livro do Levítico* (19,18). E ali fica evidente que amar o próximo é jamais explorá-lo. "Não oprima o seu próximo nem o explore" (19,13); "Não espalhe boatos nem levante falso testemunho contra a vida de seu próximo" (19,16).

Jesus se surpreendeu ao encontrar um doutor da lei que pensava diferente, não era legalista, e reconhecia que a Deus importam a prática da justiça e a entrega ao amor. Este, sim, estava próximo do Reino!

> *Continuava Jesus a ensinar no Templo e propôs esta questão: "Como dizem os doutores da Lei que Messias é filho de Davi? O próprio Davi diz, inspirado pelo Espírito Santo: 'O Senhor disse a meu Senhor: senta-te à minha direita, até que eu ponha os teus inimigos debaixo dos teus pés' (Salmo 109,1). Ora, o próprio Davi chama o Messias de Senhor. Como então o Messias pode ser seu filho?" E muita gente ouvia Jesus com interesse.*

Jesus deixou claro que o Messias não era filho de Davi como reza o *Salmo* 110.

Esta era a esperança dos escribas e fariseus: o Messias viria resgatar o reino glorioso de Davi, capaz de triunfar sobre todas as nações. Jesus desconstruiu a expectativa deles. Frisou que o Messias estaria acima de Davi e este o trataria por "meu Senhor".

> *Jesus continuou ensinando: "Tenham cuidado com os doutores da Lei. Eles gostam de andar com roupas compridas, de ser cumprimentados nas praças públicas e sentar nas primeiras cadeiras nas sinagogas e, nos banquetes, nos lugares de honra. No entanto, exploram as viúvas, roubam suas casas e, para disfarçar, fazem longas orações. Por isso, receberão uma condenação mais severa".*

Após enfatizar que o Messias estava acima do rei Davi, Jesus desmascarou os escribas e alertou a população sobre quem eles eram de fato. Qualquer semelhança com certos políticos da atualidade não é mera coincidência! E apesar de tanta empáfia, eram bandidos que exploravam os pobres, extorquiam os poucos recursos que eles tinham e ainda posavam de muito piedosos para tentar encobrir seus crimes.

Os principais alvos das denúncias de Jesus não eram aqueles que não tinham religião, mas exatamente aqueles que posavam de serem terrivelmente religiosos...

Jesus salientou a prática de explorar as viúvas, porque, na época, eram os escribas que administravam os bens de uma mulher cujo marido havia falecido. *Porque a mulher não era confiável!* E eles eram tidos como piedosos, porque se disfarçavam fazendo "longas orações". Os escribas tinham o direito legal de administrar propriedades e, assim, ganhavam porcentagem sobre os bens administrados, desviavam dinheiro em benefício próprio, enfim, praticavam a corrupção. "Por isso, receberão condenação mais severa", advertiu Jesus.

> *Jesus sentou-se diante do cofre de esmola do Templo e observou como o povo colocava dinheiro nele. Muitos ricos depositavam grandes quantias. Chegou uma pobre viúva e lançou duas pequenas moedas, que valiam poucos centavos. Jesus chamou os discípulos e disse a eles: "Garanto a vocês: esta pobre viúva depositou mais do que todos os que puseram dinheiro no cofre. Porque os outros colocaram a sobra do que possuem; ela, porém, depositou tudo que tinha, tudo que possuía para viver".*

Ao contrário do que muitos pensam, Jesus não pretendeu exaltar a profunda piedade da viúva, disposta a abrir mão até mesmo do que necessitava para viver e, assim, agradar a Deus. Lamentou que aquela mulher estivesse tão condicionada pela ideologia que explorava a piedade dos pobres. Ideologia que a privou dos poucos meios de subsistência que possuía.

Não se pode separar a atividade religiosa de Jesus do contexto político e econômico no qual vivia. O mesmo acontece, hoje, na vida de cada um de nós. Tudo está relacionado. É um equívoco "pinçar" Jesus de seu contexto na tentativa de resguardá-lo numa redoma religiosa. Isso faz parte do esforço de muitos biblistas, teólogos e, inclusive, Igrejas, para despolitizar a figura de Jesus.

Esta passagem comprova que o Templo de Jerusalém, um centro religioso, era também uma instituição econômica. Aliás, a mais importante instituição econômica do Império Romano. Era ali que se coletavam os tributos que as autoridades judaicas pagavam a Roma.

Como já foi dito, os romanos e o Templo cobravam pesados impostos da população palestinense. E as autoridades religiosas convenciam os pobres de que, se não pagassem os tributos, não receberiam a bênção divina. Portanto, ao chamar a atenção para o fato de a viúva doar ao Templo o pouco que possuía para sobreviver, Jesus não pretendeu fazer um elogio ao desprendimento dela, e sim criticar o poder religioso que oprimia a consciência popular, a ponto de a viúva se privar do essencial para transferir seus poucos recursos ao tesouro do Templo. Denunciou aos discípulos como a viúva era vítima de extorsão, e ao doar o pouco que lhe sobrava, a pobre mulher se condenava à penúria e à morte.

Já os ricos, como quase sempre acontece, doavam sobras de suas fortunas. E, à luz da ideologia religiosa da época, eram tidos como abençoados por Deus.

Jesus mostrou que diante de Deus não importa a quantidade de dinheiro doado, e sim a qualidade, a exemplo da viúva que tirou do próprio sustento. As pessoas valem pelo que são, e não pelo que possuem.

Capítulo 13

Este capítulo é diferente de todos os demais do Evangelho de Marcos, que narram *o que aconteceu na vida de Jesus*. Este descreve o que *acontecerá* na vida de Jesus e de seus contemporâneos.

Marcos utiliza linguagem apocalíptica. A palavra apocalipse deriva do grego e significa "revelação". Albert Nolan, meu confrade dominicano da África do Sul, assim definiu a linguagem simbólica apocalíptica: "Uma obra de arte – como uma grande pintura que *move* o leitor de sentimentos de frustração e desespero a sentimentos de grande força, coragem, destemor e esperança"[92].

> *Quando Jesus saiu do Templo, um dos discípulos comentou: "Mestre, olha que pedras! Que construções!" Jesus observou: "Vê estas magníficas construções? Não ficará pedra sobre pedra, tudo será destruído".*

De fato, o Templo de Jerusalém, restaurado pelo rei Herodes, era suntuoso. Flávio Josefo, que o frequentou, o descreve em *A guerra dos judeus*[93]: "[...] estava todo recoberto com placas de ouro de grande peso, e assim que o sol despontava refletia sobre ele um brilho magnífico e obrigava os que teimavam em olhar para ele a afastar os olhos para outro lado, exatamente como teriam que fazer com os raios do sol. Parecia aos estrangeiros, quando se achavam à distância, uma montanha coberta de neve, pois as par-

---

92. NOLAN, A. Prefácio. In: MESTERS, C. *Esperança de um povo que luta – o Apocalipse de São João, uma chave de leitura*. São Paulo: Paulus, 2004.

93. Cap. V, vol. 6, apud MYERS. Op. cit., p. 385.

tes que não eram douradas se apresentavam excessivamente brancas. [...] Quanto às suas pedras, algumas tinham quase trinta metros de comprimento, cinco de altura e seis de largura"[94].

O discípulo vislumbrou, admirado, a suntuosa beleza do Templo de Jerusalém, uma construção esplendorosa. Jesus, porém, mirou o edifício com desdém, e previu a sua destruição. O Templo foi invadido, saqueado e incendiado pela invasão romana, quando toda a cidade de Jerusalém foi arrasada, entre os anos 66 e 70. Isso significa que Jesus era adivinho? Não, ao contrário. Não podemos esquecer que, na época em que Marcos escreveu o seu Evangelho, a invasão já havia ocorrido. Colocou na boca de Jesus a alusão a um fato histórico acontecido. O que o evangelista pretendeu com isso? Passar a impressão de que Jesus não era humano como nós e, assim, podia prever o futuro? De modo algum. O que Marcos quis, neste capítulo 13, foi acentuar o conflito entre Jesus e as autoridades político-religiosas. O desprezo de Jesus pelo Templo ("covil de bandidos") é o que importa. Como a figueira que havia secado até a raiz e não dava mais frutos, assim era o Templo de Jerusalém.

Myers adverte que "o leitor moderno precisa lembrar que no mundo social do Oriente Médio do século I um templo era algo intimamente identificado com a existência de uma divindade. Isto é extremamente verdadeiro para o judeu; não se poderia simplesmente rejeitar o Templo sem provocar a crise mais fundamental a propósito da presença de Javé no mundo. Jesus desafia diretamente esta identificação, argumentando que abandonar a fé no Templo *não* é abandonar a fé em Deus"[95].

---

94. O Templo foi incendiado pelos romanos no ano 70, e não demolido pedra por pedra. Tal detalhe reforça a tese de alguns autores de que o *Evangelho de Marcos* foi escrito antes do ano 70.

95. MYERS. Op. cit., p. 365; grifo do autor.

Jesus estava sentado no Monte das Oliveiras, diante do Templo. Então Pedro, Tiago, João e André perguntaram a Ele em particular: "Diga-nos, quando ocorrerão essas coisas? Qual o sinal de que todas essas coisas estarão para acontecer?" Jesus os advertiu: "Cuidado para que ninguém engane vocês. Muitos virão em meu nome, dizendo: 'Sou eu'. E enganarão muita gente. Quando ouvirem falar de guerras e de rumores de guerra, não fiquem assustados. Essas coisas devem acontecer, mas ainda não será o fim. Uma nação lutará contra a outra, e um reino contra outro reino[96]. Haverá terremotos em vários lugares[97], e também haverá fome[98]. Isso será o começo das dores".

O Monte das Oliveiras fica bem defronte ao local onde se erguia o Templo. Hoje, a área é ocupada por uma mesquita e do Templo resta ali apenas o Muro das Lamentações.

Foi ali que os discípulos – os quatro primeiros a serem convocados a integrar o Movimento pelo Reino: Pedro, Tiago, João e André –, inquietos com as atribulações previstas por Jesus, pediram sinais de quando elas haveriam de acontecer. Ora, Jesus quis alertá-los quanto a futuros usurpadores que pretenderiam enganá-los com as *fake news* da época, usando e abusando do nome dele, como ocorre hoje. E quis encorajá-los diante de tragédias como furacões, terremotos, guerras, epidemias, fome.

Tomada pela revolta antirromana desde o ano 66, a Palestina foi palco do surgimento de muitos líderes rebeldes que se apresentavam como o Messias ou assim eram encarados por seus

---

96. Possivelmente Marcos se refere à guerra civil em Roma e à ameaça de ser invadida pelos partas (oriundos da Pérsia, atual Irã), no ano 67, e à luta intestina pelo poder do Império Romano após a morte de Nero, em 68.

97. Terremotos e erupções vulcânicas ocorreram, em 61 e 62 d.C., em Laodiceia (na atual Turquia) e em Pompeia (na Itália).

98. Surtos de fome ocorreram na Palestina no início da década de 50 d.C.

seguidores. O movimento teve início em Jerusalém, na Judeia, e logo se espalhou pelas províncias da Idumeia, da Pereia e da Galileia. Por isso, Jesus advertiu: "Muitos virão em meu nome, dizendo: 'Sou eu'. E enganarão muita gente". Era voz corrente que todo esse clima de conflito sinalizava a imediata intervenção de Javé para salvar o Templo e proteger o seu povo, os judeus. Do mesmo modo, muitos se engajaram nas guerrilhas a fim de apressar "o fim do mundo", ou seja, o fim do mundo dominado pelo Império Romano. Marcos, de modo sensato, alerta seus leitores contra o messianismo ou triunfalismo revolucionários: "Quando ouvirem falar de guerras e de rumores de guerra, não fiquem assustados. Essas coisas devem acontecer, mas ainda não será o fim".

> *Tomem muito cuidado! Vocês serão arrastados aos tribunais e torturados nas sinagogas, e levados à presença de governadores e reis por minha causa, para dar testemunho de mim diante deles. Mas antes é necessário que o Evangelho seja pregado a todas as nações. Quando vocês forem presos, não fiquem preocupados com o que vão dizer, digam o que vier na cabeça, porque não serão vocês que falarão, mas sim o Espírito Santo. O irmão entregará à morte o próprio irmão, e o pai, o filho; e os filhos ficarão contra os pais e os entregarão à morte. Vocês serão odiados por todos por causa do meu nome. Mas quem perseverar até o fim será salvo.*

Marcos exorta os cristãos/leitores a se oporem à revolta, não por se posicionar ao lado dos romanos, e sim por não ver perspectiva de a rebeldia judaica vencer o poder imperial. E adverte-os de que isso suscitará a indignação tanto das autoridades judaicas quanto das romanas. Passarão por atribulações, perseguições e mortes. No entanto, é esse "fim" que marca o começo da ação dos discípulos para propagar o projeto do Reino a todas as nações.

Relembro que Marcos escreveu este seu relato evangélico por volta do ano 70, quando as tropas do Império Romano destruíram Jerusalém por ordens dos imperadores Nero e seu general Vespasiano, que sucedeu a Nero como imperador. A perseguição aos cristãos já era intensa. O Jesus de Marcos, que foi vítima do império, predissera também que seus futuros discípulos seriam presos, torturados, interrogados, julgados. E naquele mundo politeísta haveria divisões nas famílias, conflitos entre parentes próximos, e disseminação do ódio, como ocorre hoje por razões de divergências políticas e religiosas (cristãos fundamentalistas que atacam terreiros de candomblé, p. ex.). No entanto, os cristãos deveriam confiar na proteção do Espírito Santo.

> *Quando virem a abominação da desolação se instalar no lugar onde não deveria estar – que o leitor entenda! –, os que estiverem na Judeia fujam para as montanhas. Quem estiver no terraço, não desça para apanhar coisa alguma dentro de casa. E quem estiver no campo, não volte para buscar o seu manto.*

Jesus teria recomendado a todos fugirem da Judeia e se esconderem nas montanhas. E isso sem tempo a perder. Na verdade, Marcos exorta os cristãos a não participarem da revolta, uma causa perdida aos olhos dele. Ao mesmo tempo, evita criticar diretamente os palestinenses, seu povo, e os romanos, entre os quais vivia. "Uma vez que o campo simbólico judaico foi destruído, o povo precisa abandoná-lo e fugir, pois não mais assegura a bênção (motivo pelo qual estar grávida ou estar amamentando se torna desgraça). Em resumo, esta desolação representa a desorganização dos códigos vigentes, sua revolução e o colapso do campo simbólico e dos códigos que o circunscrevem"[99].

---

99. Apud MYERS. Op. cit., p. 401.

Infelizes as mulheres grávidas e que, naqueles dias, estiverem amamentando! Orem para que isso não aconteça no inverno! Porque naqueles dias haverá tribulações como nunca houve desde a criação do mundo, nem haverá jamais. Se o Senhor não abreviasse aqueles dias, ninguém se salvaria; mas Ele abreviou por causa dos eleitos que escolheu. E se alguém disser a vocês: "Eis, aqui está o Messias"; ou "Ele está ali", não acreditem. Porque surgirão falsos messias e falsos profetas para fazer prodígios que haveriam de enganar até mesmo os eleitos, se fosse possível. Fiquem atentos! Previno vocês de tudo isso antes que aconteça.

Jesus demonstrou preocupação pelas pessoas mais vulneráveis, aqui simbolizadas pelas mulheres grávidas e as que ainda amamentavam. Por que torceu para que a tragédia não ocorresse no inverno? Porque nesta estação do ano os riachos da Palestina ficam inundados pelas chuvas, o que dificultaria a fuga.

"A abominação da desolação" é uma expressão que soava terrível aos ouvidos de quem escutava Jesus, porque se referia ao sacrilégio cometido pelos invasores gregos, comandados por Antíoco Epífanes IV. Entre 167-165 a.C., eles introduziram a estátua do deus grego Zeus Olímpico, como consta no *Livro de Daniel*, que cita o "ídolo abominável" exposto no interior do Templo (9,27; 12,11). Marcos evoca também a introdução de outras estátuas de pagãos.

É possível que Marcos quisesse também se referir a outro acontecimento, como o horror causado pelo projeto de introduzir no Templo uma estátua do imperador Calígula, no ano 40, ou à ocupação daquele espaço religioso pelo líder zelota Eleazar, em 67-68[100]. Pode ser ainda que quisesse evocar a ocupação de Jeru-

---

100. Zelota era a designação de todo militante do movimento judaico que em sua origem tinha por objetivo zelar pela pureza da Lei de Moisés. Na época

salém pelo general romano Vespasiano, em 66 e 67, cuja "abominação" foi ser divinizado como imperador no ano 69.

Em seguida, Marcos adaptou uma citação do profeta Daniel, "será uma hora de grandes tribulações, tais como jamais houve desde que as nações começaram a existir até o tempo atual" (12,1). Mas recuou ainda mais no tempo histórico: "desde a Criação do mundo".

"Se o Senhor não abreviasse aqueles dias, ninguém se salvaria; mas Ele abreviou por causa dos eleitos que escolheu." Aqui Marcos quis alertar os cristãos da Palestina arrasada pela guerra que não deveriam se desesperar. E muito menos dar ouvidos a falsos profetas e a supostos "messias" que emergem das sombras na hora das dificuldades.

> *Naqueles dias, depois da tribulação, o sol escurecerá e a lua perderá o seu brilho. As estrelas cairão do céu e as forças celestiais serão abaladas. Então, eles verão o Filho do Homem vindo sobre as nuvens com grande poder e glória. Ele enviará os anjos aos quatro cantos da Terra, e reunirá as pessoas que Deus escolheu, do extremo da Terra ao extremo do céu. Compreendam, portanto, esta comparação com a figueira: quando seus ramos ficam verdes e as folhas começam a brotar é sinal de que o verão se aproxima. Assim também, quando virem acontecer essas coisas, saibam que o Filho do Homem está próximo, batendo à porta. Garanto a vocês: tudo isso acontecerá antes que morra essa geração que agora vive. Passarão o céu e a Terra, mas as minhas palavras não passarão.*

Como assinalei, Marcos utiliza aqui uma linguagem apocalíptica. Jesus não fez previsões meteorológicas ou cosmológicas.

---

de Jesus, o movimento já tinha adquirido o caráter político de luta armada contra a dominação romana.

Ao contrário do que muitos pensam, ele jamais quis antecipar fenômenos que a astronomia pudesse registrar.

Marcos usou uma linguagem simbólica. Volto a lembrar, é importante o leitor ter presente que o evangelista escreveu sua narrativa quando Jerusalém estava sendo destruída pelos romanos comandados por Tito, sob o reino do imperador Vespasiano. Ele quis se referir àquela catástrofe com símbolos astronômicos, de modo a enfatizar a devastação do Templo e reforçar a esperança dos cristãos – que já sofriam perseguições –, nas promessas de Jesus.

As sentenças na boca de Jesus foram tomadas de Isaías: "[...] o sol já nascerá escuro e a lua não terá mais o seu clarão" (13,10) e "o céu se enrola como pergaminho e seus astros caem como as folhas da parreira e da figueira" (34,4).

Astros como o sol e a lua representam no texto os falsos deuses do mundo pagão, que serão vencidos pelo Deus de Jesus.

> *Quanto a esse dia e essa hora ninguém sabe nada, nem os anjos do céu, nem mesmo o Filho, somente o Pai. Prestem atenção: fiquem de sobreaviso, porque não sabem quando isso ocorrerá. Será como um homem que, ao partir em viagem, deixa a sua casa e delega sua autoridade aos servos, indicando o trabalho de cada um, e ordena ao porteiro que vigie. Vigiem, porque vocês não sabem quando o dono da casa voltará, se à tarde, à meia-noite, de madrugada ou pela manhã. Se Ele retornar de repente não deve encontrá-los dormindo. O que digo a vocês, digo a todos: vigiem!*

Jesus, como Deus presente entre nós, vivia as nossas limitações. É inteiramente descabida a ideia de que na Palestina do século I Ele presumisse ou tivesse uma visão de que, no futuro, haveria computadores e aviões. A cultura dele era a mesma de quem recebera uma boa formação na sinagoga. E como Elias, Isaías e Jeremias, recebera de Deus o dom profético. Mas ignorava o dia e a hora da irrupção plena do Reino entre nós.

Capítulo 14

Faltavam dois dias para as festas da Páscoa e dos Pães Ázimos. Os sumos sacerdotes e os doutores da Lei procuravam algum meio de prender Jesus à traição para matá-lo. "Mas não durante a festa", diziam eles, "para não haver tumulto entre o povo".

Ázimo significa "sem fermento" como a hóstia oferecida na eucaristia da Igreja Católica.

Após a festa da Páscoa, os judeus comemoram a dos Pães Ázimos nos sete dias seguintes. O pão com fermento ou levedura exige deixar descansar a massa para que cresça antes de ser assada. Já o sem fermento é o símbolo da pressa do povo hebreu ao deixar o Egito do faraó.

O poder assassino age sempre à sombra. Os membros do Sinédrio já tinham tomado a decisão de assassinar Jesus, mas não durante a festa, porque o povo o admirava e apoiava. Ele teria de ser eliminado na calada da noite.

Jesus se encontrava em Betânia, na casa de Simão, que sofria de hanseníase. Enquanto fazia a refeição, entrou uma mulher. Trazia um vaso de alabastro cheio de um perfume de nardo puro, muito caro. Ela quebrou o vaso e derramou o perfume sobre a cabeça de Jesus. Alguns dos presentes ficaram indignados e comentaram entre si: "Por que esse desperdício de perfume? Poderia ter sido vendido por mais de trezentas moedas de prata[101] e o dinheiro ser dado aos pobres". E ficaram irritados com a mulher.

---

101. Denários.

Jesus jamais pisou nas cidades imperiais de Séforis e Tiberíades. No entanto, foi à casa de um homem que sofria de hanseníase, outrora conhecida como "lepra". Naquela época, assim eram denominadas todas as doenças de pele. E uma das Leis da Pureza, prescrita no *Levítico* (13), é a segregação de quem apresentasse tais enfermidades por ser considerado "impuro".

Jesus continuou a desafiar as leis vigentes. Na casa de um "impuro" foi ungido por uma mulher, socialmente considerada um ser inferior e, portanto, indigna de repetir um gesto comum no Primeiro Testamento – profetas ungindo a cabeça de reis hebreus.

Os discípulos ficaram escandalizados ao ver a mulher derramar um perfume caro sobre a cabeça de Jesus. Não entenderam o simbolismo do gesto de unção de Jesus. Ela o reconhecia como Messias, pois messias significa "ungido". Do alto de sua hipocrisia, os críticos de Jesus disseram que o valor do perfume poderia "ser dado aos pobres"[102].

> *Jesus disse a eles: "Deixem a mulher em paz. Por que a aborrecem? Ela me fez uma boa ação. Vocês sempre estarão com os pobres e, quando quiserem, poderão fazer bem a eles; mas eu não estarei sempre com vocês. Ela fez o que podia: derramou perfume no meu corpo de modo a prepará-lo para o sepultamento. Asseguro a vocês: por toda parte onde for anunciado o Evangelho também contarão o que ela fez e ela será lembrada".*

Para Jesus, seus discípulos estariam sempre ao lado dos pobres. Ao contrário do que pensam alguns, Ele não quis dizer que sempre haverá pobres no sentido material. Mas pobres em geral: pessoas que carecem de saúde física ou mental, excluídas da sociedade, marginalizadas por discriminações. E nós, discí-

---

102. O *Evangelho de João* (12,1-8) nos informa que a mulher era Maria de Betânia, irmã de Marta e Lázaro.

pulos, devemos ser solidários a elas no cuidado e na defesa de seus direitos.

> *Judas Iscariotes[103], um dos Doze, foi se encontrar com os sumos sacerdotes para entregar Jesus. Diante dessa notícia, eles ficaram muito contentes e prometeram dar dinheiro a Judas, que passou a buscar uma ocasião oportuna para trair Jesus.*

Tudo indica que Judas nunca entendeu a missão de Jesus. Esperava que Ele fosse um novo Davi, um rei triunfante que expulsaria os romanos, libertaria Israel e faria dos Doze seus príncipes. Por isso, decepcionado, decidiu traí-lo. E o fato de Judas ser o tesoureiro do grupo[104] e lidar frequentemente com dinheiro, possivelmente o induziu à corrupção.

> *Quando matavam os cordeiros para celebrar a Páscoa, os discípulos consultaram Jesus: "Onde devemos preparar a refeição da Páscoa?" Jesus enviou então dois de seus discípulos, dizendo: "Vão à cidade. Um homem carregando um jarro de água virá ao encontro de vocês. Tratem de segui-lo e onde ele entrar digam ao dono da casa: 'O Mestre pergunta: onde fica a sala em que devo comer a Páscoa com meus discípulos?' Ele mostrará a vocês uma sala espaçosa no andar superior, arrumada com almofadas. Preparem ali tudo para nós".*

Moisés, para agradecer a Javé a libertação dos hebreus da escravidão no Egito, sacrificou um cordeiro (*Êxodo* 12,3-5).

O relato de Marcos confirma o esquema de clandestinidade de Jesus. "Um homem carregando um jarro de água virá ao en-

---

103. O termo Iscariotes comporta duas versões: referência ao lugar de origem, Kariot, ou seja, que Judas era um *ish kariot*, homem de Kariot, localidade situada na Judeia. Ou significa que Judas pertencia ao movimento armado, cujos militantes eram conhecidos como sicários; isto é, adaga ou punhal.

104. *Evangelho de João* 13,29.

contro de vocês". Ora, naquela cidade machista eram as mulheres que carregavam jarros, bilhas e ânforas. Também mergulhei na clandestinidade quando perseguido pela ditadura militar, na década de 1960[105]. Os discípulos reconheceram o "homem carregando um jarro de água" como sendo a pessoa que os levaria à sala onde celebrariam a última ceia. Na luta clandestina contra a ditadura militar, muitas vezes nos era dado um sinal para encontrar um companheiro ou companheira com quem jamais tivemos contato antes. Exemplo, diante da porta de um cinema, o companheiro que trazia à mão um livro de Dostoiévski.

Jesus já havia preparado tudo de antemão e, agora, orientou os discípulos para que organizassem a ceia sem chamar a atenção dos que pretendiam assassiná-lo.

> *Os discípulos foram para a cidade e encontraram tudo como Jesus havia dito, e prepararam a Páscoa. No início da noite, Jesus se dirigiu para lá com os Doze. E enquanto comiam, Jesus disse: "Quero avisar a todos: um de vocês, que come comigo, vai me trair". Os discípulos se entristeceram e começaram a perguntar um ao outro: "Por acaso sou eu?" Jesus afirmou: "É um dos Doze, que se serve comigo do mesmo prato. O Filho do Homem vai morrer, conforme prevê as Escrituras. Mas ai daquele que trair o Filho do Homem! Melhor seria que nunca tivesse nascido!"*

No dia da Páscoa, desde o meio-dia, o cordeiro era assado, temperado com ervas amargas. À noite, deveria ser inteiramente ingerido, restando apenas os ossos. E os convivas permaneciam à mesa até meia-noite.

Tudo indica que a ceia ocorreu na casa de Marcos, cuja mãe se chamava Maria, que contava com os serviços de uma empregada, Rosa[106].

---

105. Cf. meu *Batismo de sangue*. São Paulo: Rocco, 2006.

106. Cf. *Atos dos Apóstolos* 12,12.

A frase dita por Jesus – "melhor seria que nunca tivesse nascido!" – não significa que Judas foi condenado às "penas do inferno", e sim que seria torturado por profundo remorso, o que o teria levado a cometer suicídio, conforme informa o evangelista Mateus (27,5).

> *Durante a refeição, Jesus tomou o pão, benzeu-o e repartiu-o entre os discípulos, dizendo: "Tomem, isto é o meu corpo". Em seguida, tomou o cálice, deu graças e passou a eles, e todos beberam. E Jesus disse: "Isto é o meu sangue, o sangue da aliança, que é derramado em favor de muitos. Eu garanto a vocês: nunca mais beberei o fruto da videira até o dia em que beberei o vinho novo no Reino de Deus".*

Marcos escreveu seu relato quando a Igreja primitiva já tinha fixado o rito eucarístico. Por isso, a descrição de um jantar pascal entre amigos soa tão solene.

Interessante observar que o prato principal da ceia de Páscoa – o cordeiro – não aparece no relato. Isso porque, agora, o cordeiro é o próprio Jesus. Ele é que será sacrificado por causa do Reino. E seu exemplo se torna nosso alimento.

Jesus associou seu corpo ao pão. Porque pressentia que seria, como o pão, partido e repartido. E conferiu sacramentalidade à partilha do pão, que simboliza todos os bens de que necessitamos para uma vida digna. Por isso, na oração que nos ensinou, há dois refrãos, o *Pai nosso* e o *pão nosso*. Aqueles que consideram direito de todos os bens materiais, espirituais, naturais e simbólicos, como a arte, e vivenciam o *pão nosso* e, assim, evocam com sinceridade Deus como *Pai nosso*, e não um deus apenas meu, criado pelo meu egoísmo.

Como já foi dito, o Novo Testamento é um espelho que reflete o Antigo ou Primeiro Testamento. O gesto de Jesus evoca o de Moisés ao tomar uma bacia cheia de sangue e aspergir o povo dizendo: "Este é o sangue da aliança que Javé faz com vocês através desses mandamentos" (*Êxodo* 24,8).

Pactos ou alianças selados com sangue eram comuns na Antiguidade e ainda hoje em sociedade secretas ou esotéricas. E assim como no tempo de Moisés, Deus selou com sangue a aliança com os hebreus, do mesmo modo selou com o sangue do Filho o novo pacto com a humanidade. Jesus veio atualizar e renovar a aliança mosaica. "[...] derramado em favor de muitos" é uma referência à figura do Servo Sofredor descrita por *Isaías* (53,2-12): "[...] e foi contado entre os pecadores, ele carregou os pecados de muitos e intercedeu pelos pecadores".

Todos nós já ouvimos a expressão "bode expiatório". Esse era um ritual prescrito pelo *Livro do Levítico* (16,20-22): o sumo sacerdote colocava as duas mãos sobre a cabeça do bode e confessava os pecados do povo hebreu. Em seguida, o bode era levado ao deserto e solto.

Essa ideia de expiação era ainda muito forte no tempo de Jesus. Para um judeu expiar os pecados deveria ir ao Templo e pagar pelo sacrifício, ou seja, a imolação de um animal. Essa a associação que Jesus fez com seu sangue "derramado em favor de muitos".

Contudo, o que me parece mais relevante naquela última refeição com os discípulos ao celebrarem a Páscoa judaica é a partilha que Jesus fez de seu bem maior: a vida. Ele partilhou seu corpo e seu sangue, ou seja, deu-se inteiro pela causa do Reino.

Nesse sentido, nas celebrações eucarísticas os cristãos só deveriam comungar se estiverem dispostos a se comprometer com tudo o que favorece uma sociedade na qual todos tenham vida, como fez Jesus. Esse o significado mais profundo de 'comunhão' – comum união com a prática de Jesus e a comunidade que se reúne para celebrá-lo.

> *Depois de cantarem os Salmos, saíram para o Monte das Oliveiras. Jesus dirigiu-se a eles: "Vocês todos ficarão desorientados, porque a Escritura diz: 'Ferirei o pastor, e as ovelhas se dispersarão'[107]. Mas depois que eu ressuscitar, chegarei na Galileia primeiro do que vocês".*

Aqui um relato de quem olha os fatos pelo espelho retrovisor.

> *Pedro declarou: "Ainda que todos fiquem desorientados, eu jamais ficarei!" Jesus disse-lhe: "Garanto a você: hoje, nesta mesma noite, antes que o galo cante duas vezes, você me negará três". Pedro insistiu: "Ainda que seja preciso morrer com o senhor, jamais o negarei". E todos disseram o mesmo.*

Pedro jurou fidelidade a Jesus. Isso é fácil enquanto não nos defrontamos com uma situação de perigo. Realista, Jesus previu que Pedro e os discípulos fariam de conta que nada tinham a ver com Ele. E, na sua compaixão, não os condenou por isso. Ninguém conhece os limites da resistência humana diante do inimigo.

> *Foram, em seguida, para um lugar chamado Getsêmani[108]. Ali, Jesus disse aos discípulos: "Fiquem aqui, enquanto vou orar". Levou em sua companhia Pedro, Tiago e João. Começou a ficar com medo, angustiado e desabafou: "Minha alma está numa tristeza mortal. Fiquem aqui e se mantenham atentos". Jesus se afastou um pouco, ajoelhou-se e pediu a Deus que, se fosse possível, o livrasse daquela situação. Suplicou: "Aba! Tudo é possível ao Senhor. Afasta de mim este cálice! Contudo, não seja feito o que eu quero, mas sim a sua vontade".*

---

107. *Zacarias* 13,7; *Ezequiel* 34,11-16.

108. Significa "lugar de prensar o azeite". Estive lá em 1997. Fica no Monte das Oliveiras que, obviamente, tem este nome por abrigar uma vasta plantação de árvores ou oliveiras que produzem azeitonas, das quais se extrai o azeite.

Diante da iminência da morte, Jesus fez o que todos nós, cristãos, faríamos: orar. Levou consigo seus amigos mais próximos, Pedro, Tiago e João, o que demonstra que até mesmo sendo quem era tinha necessidade de afeto. E teve medo, sentiu angústia, uma "tristeza mortal"! Seu coração estava a ponto de explodir de dor. Como frisa Myers, "Jesus enfrenta o seu 'destino' não com desapego contemplativo, mas com genuíno terror humano. Não há romance no martírio, a não ser nos martirológicos"[109].

Não tem sentido a ideia equivocada de que Jesus era um super-homem e, portanto, como Deus não poderia ter medo. Repito: em tudo Jesus se igualou a nós, até no fato de ter medo, exceto no pecado. O medo levou-o a pedir a Deus que o livrasse daquele fim trágico.

Na prisão, ao ser conduzido à sala de torturas, muitos de nós sentíamos medo e orávamos para que Deus nos poupasse de tamanho sofrimento. Ainda assim, o Filho jurou fidelidade ao Pai. "Não seja feito o que eu quero, e sim a sua vontade." Isso não significa que Deus quisesse ver seu Filho sofrer. A vontade de Deus, desde sempre, é a de não intervir miraculosamente na história humana. Deus nos fez livres. Se o mal existe no mundo não é por culpa dele. É por culpa do uso abusivo que fazemos de nossa liberdade.

Como escreveu Carlos Bravo, "o que o Pai quer não é que o Filho morra para 'satisfazê-lo', mas que não escape magicamente da condição humana; que permaneça fiel e assuma a conflitividade de sua história até o final, como consequência de sua opção em favor da vida ameaçada, e não resista à violência usando um poder similar ao que condena"[110].

---

109. Op. cit., p. 435.

110. GALLARDO, C.B. *Jesus, homem em conflito – O relato de Marcos na América Latina*. São Paulo, Paulinas, 1997, p. 253.

Em seguida, foi ao encontro de seus discípulos. Eles dormiam. Jesus acordou Pedro: "Simão, você dorme? Não foi capaz de ficar de vigia nem sequer uma hora! Vigie e ore, para não cair em tentação. O espírito é forte, mas a carne é fraca".

Terminada a ceia, na qual Jesus e seus companheiros celebraram a Páscoa, todos se refugiaram no Monte das Oliveiras. Ao retornar da oração solitária, Jesus encontrou Pedro dormindo. O curioso é que Jesus o tratou pelo nome anterior ao ingresso dele na militância: Simão. Como a despi-lo de todos os valores que caracterizam um militante. O "pescador de homens" voltou a ser, na sua fraqueza, pescador de peixes...

O adiantado da hora, o peso da comida, o vinho... Jesus quis que Pedro também orasse para não fraquejar diante da perseguição.

Jesus insistiu na importância da oração em momentos e situações difíceis. "Orar é aprender a crer na transformação de si e do mundo, transformação que, empiricamente, parece impossível – como no caso de 'mover montanhas' (11,23). O que é a descrença senão o desespero, ditado pelos poderes dominantes, de que *realmente* nada pode mudar, desespero que torna impotentes a visão e a prática revolucionárias? Os discípulos foram orientados a combater essa impotência, esta tentação de resignação, por meio da oração. 'Vigiai e orai para não cairdes em tentação!', Jesus lhes dirá finalmente"[111].

Jesus se afastou de novo para orar. Repetiu as mesmas palavras. Ao retornar, viu que todos os discípulos dormiam. Tinham os olhos pesados de sono, e não sabiam o que responder. Então, Jesus voltou pela terceira vez e disse: "Basta! Chegou a hora! O Filho do Homem vai ser entregue ao poder dos peca-

---

111. Cf. MYERS. Op. cit., p. 310.

*dores. Levantem-se! Vamos! Aquele que me traiu já
se aproxima para me entregar".*

Jesus buscou força e refúgio na oração, antídoto ao medo. Ao orar, abrimos mente e coração à vontade de Deus. Nós nos entregamos à Providência Divina ou, como se diz, seja o que Deus quiser.

Ao retornar desse terceiro momento de oração, Jesus percebeu que se aproximavam os responsáveis por sua captura.

> *Jesus ainda falava quando chegou Judas Iscariotes, um dos Doze, acompanhado de um bando armado de espadas e cassetetes, enviado pelos sumos sacerdotes, doutores da Lei e anciãos. O traidor tinha combinado com eles o seguinte sinal: "Aquele a quem eu beijar é Jesus. Prendam-no e o levem bem escoltado".*

O relato permite supor que os guardas do Templo, conduzidos por Judas até Jesus, esperavam encontrar resistência armada. Por isso chegaram "armados de espadas e cassetetes". Judas sabia que alguns apóstolos portavam arma, como a espada que cortou a orelha do servo do sumo sacerdote.

Marcos atribui a prisão de Jesus apenas às autoridades judaicas. Omite a presença dos romanos possivelmente por ter escrito em Roma seu relato evangélico e não querer que seu público-alvo se sentisse constrangido. João, em seu Evangelho, registra que participaram da prisão de Jesus, além de guardas enviados pelas autoridades judaicas, também uma guarnição romana (18,3). Isso comprova que os romanos estavam convencidos de que Jesus cometera crime de sedição contra os poderes do Império.

De fato, galileus e judeus se caracterizavam por promoverem constantes revoltas contra a dominação romana. Entre os anos 57 e 37 a.C., período de vinte anos, só na Galileia houve seis revoltas contra a ocupação romana, todas cruelmente reprimidas. Há seis séculos os judeus lutavam contra povos que tentavam subjugá-los: egípcios, assírios, babilônios, persas, gregos e, por fim, romanos. Isso fomentava a expectativa de que a única saída para a tão sonhada liberdade seria a vinda do Messias, o rei divino que viria livrar Israel de toda dominação.

Naquela escuridão, quebrada por archotes, teria sido difícil identificar Jesus, a menos que alguém próximo a Ele o fizesse. Judas o fez por meio de um gesto antagônico a quem decide tratar o amigo como inimigo – o beijo.

> *Assim que Judas se aproximou de Jesus, disse: "Rabi!", e o beijou. O bando agarrou Jesus e o prendeu. Um dos discípulos empunhou a espada, feriu o servo do sumo sacerdote ao cortar-lhe a orelha. Mas Jesus questionou: "Vocês vieram com espadas e cassetetes para me prender como se eu fosse bandido? Todos esses dias eu estive com vocês no Templo, e por que não me prenderam? Isso acontece para que se cumpram as Escrituras".*

Segundo o *Evangelho de João* (18,10), foi Pedro o discípulo que, com uma espada, cortou a orelha do guarda do Templo, que se chamava Malco. Isso comprova que os discípulos admitiam um confronto armado, o que descarta a hipótese de que o Movimento de Jesus teria sido estritamente não violento. O Mestre, ao ser preso, ainda debochou de seus algozes ao indagar por que não o prenderam no Templo, de dia, e não protegidos pela escuridão da noite.

Interessante que Marcos não condena a ação violenta de Pedro. Apenas conclui sublinhando: "Isso acontece para que se cumpram as Escrituras".

O autor do primeiro evangelho faz uma leitura retrospectiva da militância de Jesus. E, ao longo de sua narrativa, associa fatos e palavras dele a narrativas precedentes contidas no Primeiro Testamento, assim como se faz leitura da luta de Martin Luther King vinculando-o à de Gandhi. Por isso, diante do aparente fracasso de Jesus – abandonado por seus discípulos e por Deus – Marcos procura levantar o moral de seus leitores assinalando que o ocorrido com Jesus já estava previsto pelos profetas e outros personagens bíblicos.

> *Todos os discípulos abandonaram Jesus e fugiram. Exceto um jovem que, coberto apenas com um pano de linho, o seguia. Os guardas o agarraram. Mas o jovem se desprendeu do lençol e fugiu nu.*

É no sofrimento que a nossa coerência é provada. Marcos relata que todos os discípulos abandonaram Jesus. A exceção foi um jovem que, agarrado pelos guardas do Templo, conseguiu se livrar do lençol que o encobria e fugir. A maioria dos estudiosos da Bíblia concorda que o jovem era o próprio Marcos, e alguns sugerem que foi na casa da família dele que Jesus e seus companheiros se reuniram para a última ceia.

> *Conduziram Jesus à casa do sumo sacerdote. Ali estavam reunidos todos os sacerdotes, doutores da Lei e anciãos. Pedro seguiu Jesus de longe e entrou no pátio da casa. Sentou-se junto ao fogo, onde os guardas se aqueciam.*

O julgamento sumário de Jesus foi realizado durante a madrugada, na noite de quinta para sexta-feira. Não queriam que o povo se inteirasse de que o haviam prendido. As autoridades tinham pressa, pois ao entardecer da sexta se iniciava a exigência sabática de interromper qualquer tipo de trabalho.

Os sumos sacerdotes eram a máxima autoridade político-religiosa do Judaísmo na época de Jesus. Após a morte do rei Herodes, em 4 a.C. (época em que Jesus nasceu), os romanos mantiveram a Judeia, a Samaria e a Idumeia sob autoridade dos sumos sacerdotes escolhidos entre as famílias mais ricas de Israel, em geral proprietárias de terra. Quem indicava e rejeitava o nome do novo sumo sacerdote era o governador romano. Daí a total dependência de Caifás, sumo sacerdote que condenou Jesus, do governador Pôncio Pilatos.

> *Os sumos sacerdotes e todo o Sinédrio buscavam alguém que testemunhasse contra Jesus para condená-lo à morte. Não encontraram. Muitos proferiam falsos testemunhos, mas seus depoimentos eram contraditórios: "Ouvi-o dizer: 'Eu destruirei este Templo, feito por mãos humanas, e em três dias edificarei outro, que não será feito por mãos humanas'".*

Um dos principais temas de Marcos é ressaltar que Jesus veio no propósito de restaurar Israel, descongelar, deselitizar e oxigenar as tradições judaicas, representadas pelo Templo. Isso não nos permite encarar Jesus como mero reformador religioso. Porque o Templo era muito mais do que um lugar de culto. Era o coração político e econômico da sociedade judaica e uma instituição fundamental na ordem imperial, desde as suas origens, sob os persas, até a sua destruição pelos romanos, entre os anos 66 e 70 a.C.

Jesus foi acusado de destruir o Templo "feito por mãos humanas" e edificar outro que não seria feito do mesmo modo. Ora, aqui reside uma chave central para entendermos a atuação de Jesus: o templo é o ser humano glorificado na ressurreição de Jesus. De nada adianta prestar culto nas igrejas e nos templos se damos as costas aos verdadeiros templos profanados por um sistema que empurra para o desemprego, a pobreza e a fome. Este o templo no qual Deus quer ser servido e adorado.

Quando as autoridades do Sinédrio ouviram Jesus afirmar "destruirei este Templo", com certeza não acolheram como imagem metafórica. Julgaram haver duas hipóteses: a primeira, o próprio Jesus, assim como agira com violência contra os comerciantes do Templo, haveria de querer destruir aquela suntuosa edificação; a segunda, Jesus blasfemava ao se apresentar como porta-voz de Deus, atrevendo-se a se comparar aos profetas israelitas do passado.

> *O sumo sacerdote levantou-se no meio de todos e perguntou a Jesus: "Nada tem a responder aos que testemunham contra você?" Jesus continuou calado e nada respondeu. O sumo sacerdote o interrogou de novo: "Você é o Cristo, o Filho de Deus bendito?" Jesus afirmou: "Eu sou. E vocês verão o Filho do Homem sentado à direita do poder de Deus e vindo sobre as nuvens do céu".*

Jesus não deu ouvidos às acusações que faziam a Ele. Ao longo da vida também sempre evitei me defender de ataques pessoais. Para não malhar em ferro frio ou, na expressão de Jesus, "jogar pérolas aos porcos", como registrou o evangelista Mateus (7,6). Contudo, quando o sumo sacerdote indaga se era Ele o Messias, Jesus responde com as mesmas palavras que Deus usou para revelar seu nome a Moisés: "Eu Sou" (*Êxodo* 3,14).

> *Então, o sumo sacerdote rasgou as próprias roupas e disse: "Para que precisamos de mais testemunhas?! Vocês ouviram a blasfêmia? O que parece a vocês?" Todos julgaram que Jesus merecia morrer. Alguns começaram a cuspir nele. Cobriram os olhos de Jesus e batiam em seu rosto, enquanto diziam: "Adivinha quem bateu!" Os servos do sumo sacerdote também torturavam Jesus.*

A resposta assertiva de Jesus, de que Ele era o Filho de Deus, foi a gota d'água. Rasgar as roupas era sinal de indignação frente a uma grave ofensa feita a Deus. Aos ouvidos do sumo sacerdote Caifás, suprema blasfêmia. E, por isso, o seleto público que ali se encontrava, todos aliados das autoridades, clamou pela morte de

Jesus e passou a espancá-lo. Marcos alude aqui ao Justo Sofredor descrito no *Livro da Sabedoria* (2,12-20).

> *Pedro se encontrava na parte de baixo do pátio. Uma das criadas do sumo sacerdote o viu ali se aquecendo e o acusou: "Você também estava com Jesus de Nazaré". Ele negou: "Não sei de nada, nem sei do que você está falando". E ao se afastar para a entrada do pátio, o galo cantou. A criada que o denunciou começou a dizer aos presentes: "Este faz parte do grupo deles". Pedro negou outra vez. Pouco depois, os que estavam por ali acusaram Pedro de novo: "Com certeza você é do grupo deles, pois é da Galileia". Pedro voltou a negar e a jurar: "Nem conheço este homem que vocês acusam". E imediatamente o galo cantou pela segunda vez. Pedro se lembrou do que Jesus havia dito a ele: "Antes que o galo cante duas vezes, você me negará três vezes". E começou a chorar.*

Logo ele, que havia jurado jamais abandonar Jesus! Não é fácil manter a coerência na hora da perseguição. É nas atribulações e nos sofrimentos que a nossa fé é provada.

Capítulo 15

Logo pela manhã, os sumos sacerdotes se reuniram com os anciãos, os doutores da Lei e todo o Sinédrio. Amarraram Jesus e o levaram para entregá-lo a Pôncio Pilatos. O governador perguntou a Jesus: "Você é o rei dos judeus?" Jesus respondeu: "Quem diz isso é você". Os sumos sacerdotes faziam muitas acusações contra o réu. Pilatos perguntou-lhe outra vez: "Você não responde nada? Veja de quantos crimes o acusam!" Jesus se manteve calado, o que deixou Pilatos impressionado.

O Sinédrio era a instituição de maior autoridade religiosa e política em Israel. Uma espécie de Suprema Corte dirigida pelo sumo sacerdote Caifás. Como a Palestina era uma província romana, acima do Sinédrio estava a autoridade do governador romano, Pilatos. Naquele período, o Sinédrio se encontrava proibido de aplicar a pena de morte judaica nos réus condenados – o apedrejamento (quando o pecado era adultério ou blasfêmia) ou precipitar o réu de um lugar alto (quando acusado de ser falso profeta). Portanto, encaminharam Jesus a Pilatos, ainda mais porque importava ao Sinédrio que Jesus fosse condenado pelo poder civil como subversivo político. Pilatos pouco se importava com as acusações de caráter religioso. Ele desprezava os judeus. Mas se sentia obrigado a tomar severas medidas se a acusação fosse de caráter político.

O Sinédrio fez três acusações a Jesus: subverter a nação; sabotar o pagamento de impostos; e sedição contra César. Pilatos ignorou as duas primeiras, mas não poderia fazê-lo em relação à terceira – a acusação de que um galileu usurpava a autoridade de César e, supostamente, se declarava rei dos judeus[112].

Ao ser indagado "você é o rei dos judeus?", Jesus negou ao fazer a frase retornar à boca do governador: "Quem diz isso é você". Jesus não perdeu tempo em responder às acusações legais, pois sabia que seu julgamento era *político*. Respondesse ou não, seria condenado.

Vale lembrar que Marcos escreveu seu evangelho em Roma. E como ensina a teoria literária, todo texto reflete o contexto em que foi escrito. Marcos evitou carregar nas tintas quanto à responsabilidade dos romanos na condenação e morte de Jesus. Preferiu insinuar que Pilatos não pretendia condenar Jesus, mas o fez pressionado pelas autoridades judaicas.

Assim, Marcos fez todo o peso recair sobre os judeus, o que reforçou o antissemitismo entre cristãos ao longo dos séculos.

> *Era costume Pilatos atender aos pedidos e soltar um preso na festa da Páscoa. Haviam sido presos um homem chamado Barrabás e seus cúmplices, acusados de assassinato durante uma rebelião. O povo que tinha subido até o palácio começou a exigir que Pilatos cumprisse a tradição de soltar um preso. Pilatos indagou: "Querem que eu solte o rei dos judeus?" Sabia muito bem que os sumos sacerdotes haviam entregado Jesus por inveja. E por isso atiçaram o povo para pedir que soltasse Barrabás. Pilatos perguntou de novo: "E o que querem que eu faça com aquele que vocês chamam rei dos judeus?" O povo gritou com mais força: "Crucifica-o!" Pilatos replicou: "Mas que mal fez ele?" Eles, porém, clamaram: "Crucifica-o!"*

---

112. Em muitos crucifixos vemos a sigla INRI. É a abreviação latina da sentença romana que condenou Jesus: **I**esus **N**azarenus **R**ex **I**udeorum: Jesus de Nazaré, Rei dos Judeus.

Ao dominar um povo, os romanos implantavam uma política de terror, a fim de evitar rebeliões. Adotavam a crucificação como forma de execução dolorosa por tortura. O crucificado, exposto ao público, tinha morte lenta por sufocação. Pena em geral aplicada a escravos rebeldes e sediciosos, como Jesus foi considerado. Muitas vezes os crucificados permaneciam na cruz até serem devorados por animais e aves de rapina. É a isso que se refere o Apóstolo Paulo em sua *Carta aos Gálatas*, quando escreve: "Gálatas insensatos! Quem os enfeitiçou? Vocês que tiveram diante dos próprios olhos uma descrição clara de Jesus Cristo crucificado" (3,1). Essa macabra exposição dos condenados ao público causava horror, e o medo induzia à submissão.

Marcos dá a entender que Pilatos, ao perguntar "que mal fez ele?", não se mostrava convencido de que Jesus era culpado. Pressentia que todo aquele processo não passava de uma rusga entre judeus.

Por que o "povo" clamou pela crucificação de Jesus e o indulto a Barrabás?[113] Ora, a maioria dos habitantes de Jerusalém dependia do Templo para sobreviver. Quase todos os empregos na cidade giravam em torno dele. Além disso, é bom não esquecer que esse "povo" estava dentro do palácio de Pilatos, no pretório, na Fortaleza Antônia. Portanto, os que opinaram não eram propriamente o povo de Jerusalém, mas correligionários do Sinédrio e apoiadores da ocupação romana. Um bando de dóceis cordeiros manipulados pelos poderosos.

> *Para agradar o povo, Pilatos mandou soltar Barrabás e entregou Jesus para ser açoitado e crucificado. Os soldados conduziram o condenado ao pátio interno do palácio, chamado pretório, onde convocaram toda a tropa. Vestiram Jesus com um manto vermelho, te-*

---

113. Muitos biblistas consideram Barrabás um rebelde sicário (= homens do punhal). Cf. MYERS, 1992, p. 90.

ceram uma coroa de espinhos e a colocaram na sua cabeça. E passaram a gritar: "Salve, rei dos judeus!" Batiam na cabeça dele com uma vara, cuspiam nele e punham-se de joelhos para caçoar. Depois de muito zombarem, tiraram-lhe o manto vermelho, devolveram-lhe a roupa e o levaram para ser crucificado.

Pilatos, afinal, cedeu. Por que proteger um galileu teimoso que tanto incomodava as autoridades judaicas? Entre o Sinédrio e um galileu "arruaceiro" e sem papas na língua, o governador ficou com o poder judaico. O réu foi entregue às torturas físicas (espinhos, surras de vara, cusparadas) e psicológicas (escárnio e deboche). A escolha dos suplícios foi bem deliberada – os símbolos do poder imperial! O manto vermelho (a púrpura), a vara (o cetro) e a coroa de folhas silvestres (de espinhos). "E punham-se de joelhos para caçoar dele" (a reverência ao "divino rei", como era considerado o imperador).

O poder judaico condenou Jesus por heresia. O poder romano, por subversão.

Passava por ali um homem de Cirene, chamado Simão, pai de Alexandre e Rufo, que regressava do campo para a cidade. Os soldados o obrigaram a carregar a cruz.

Curioso Marcos registrar uma família de agricultores, pai e filhos, com seus respectivos nomes. Tudo indica que participavam também do Movimento de Jesus. Este estava tão alquebrado pela falta de sono e a dor das torturas, que dava sinais de que poderia morrer antes de ser crucificado. Suportou a cruz durante um tempo menor do que se esperava, tanto que Pilatos se surpreendeu ao receber a notícia. Por isso, os soldados apelaram a Simão de Cirene (atual Líbia).

O Movimento de Jesus teve início com um Simão, o Pedro, e terminou com a solidariedade compulsória de outro Simão, o de Cirene.

Conduziram Jesus a um lugar chamado Gólgota, que significa "lugar da caveira". Deram-lhe para beber vinho misturado com mirra, mas Jesus recusou.

Após a condenação, a guarnição romana saiu com Jesus da Fortaleza Antônia para levá-lo ao Monte Gólgota, uma elevação, antiga pedreira de apenas dez metros de altura, distante pouco mais de 1km do palácio de Pilatos. Jesus foi conduzido para fora da cidade, pois se morresse ali dentro a tornaria "impura" e a todos que nela ingressassem.

O Calvário ("lugar da caveira") era um local de execuções públicas.

Depois de crucificá-lo, repartiram as roupas dele e fizeram um sorteio para ver quem levaria qual peça. Eram nove horas da manhã quando crucificaram Jesus. Havia uma inscrição com o motivo da condenação: "O rei dos judeus". Crucificaram com Ele dois bandidos: um à sua direita e, outro, à esquerda. Cumpriu-se assim a passagem da Escritura que diz: 'Ele foi incluído entre os malfeitores'" (Isaías 53,12).

Deus feito homem morreu entre dois bandidos, provavelmente na sexta-feira, 7 de abril de 30. Somente os acusados de crimes políticos eram executados dessa maneira. Os bandidos (assaltantes) atuavam, sobretudo, na área rural. Os revolucionários ou guerrilheiros sicários, como Barrabás, na área urbana.

Como duvidar do Deus de Jesus que assume tão "rasteiramente" a condição humana?

Marcos registra a posição dos bandidos junto a Jesus. Vale lembrar o pedido dos filhos de Zebedeu, picados pela mosca azul: "Quando o senhor chegar à sua glória permita que um de nós possa sentar à sua direita e, outro, à sua esquerda".

Os que passavam por ali o insultavam e balançavam a cabeça, dizendo: "Ei! Você que destruiria o

> *Templo e o reconstruiria em três dias, salve-se a si mesmo! Desça da cruz!" Do mesmo modo, os sumos sacerdotes e os doutores da Lei zombavam dele dizendo: "A outros ele salvou... A si mesmo não pode salvar! O messias, o rei de Israel... Desça agora da cruz, para que vejamos e acreditemos!" Também os que haviam sido crucificados com Ele o insultavam.*

Os insultos a Jesus demonstram como muitos o encaravam. Foram três zombarias. Todas baseadas numa concepção mágica da divindade de Jesus que, infelizmente, ainda é encontrada na cabeça de muitos cristãos: descer da cruz, salvar-se a si mesmo e triunfar como Messias.

Acreditavam que Ele se arvorara em Messias triunfante, o novo Davi capaz de destruir e reconstruir o Templo de Jerusalém. Ele havia livrado pessoas da morte e, agora, era incapaz de descer da cruz e se salvar.

Ao ser condenado à morte na cruz, Deus, em Jesus, se irmanou a todos que ao longo da história são assassinados na luta por justiça. Nesse sentido, Jesus viveu até o fim o destino humano, com todas as suas circunstâncias e limitações[114].

> *Entre meio-dia e três da tarde, todo o céu ficou escuro. Por volta de três da tarde, Jesus gritou forte: "Eloi, Eloi, lamá sabactââni?", que significa: "Meu Deus, meu Deus, por que me abandonaste?" Ao ouvir isso, alguns dos presentes comentaram: "Ele está chamando Elias!" Um deles correu e ensopou uma esponja em vinagre, prendeu-a na ponta de uma vara*

---

114. "Jesus nunca imaginou seu Pai como um Deus que lhe pedia a própria morte e destruição para que sua honra, justamente ofendida pelo pecado, fosse por fim restaurada e, como consequência, Ele pudesse de agora em diante perdoar os seres humanos. Nunca se vê Jesus oferecendo sua vida como uma imolação ao Pai para obter dele clemência para o mundo. O Pai não precisa que ninguém seja destruído em sua honra. O amor que Ele tem para seus filhos e filhas é gratuito, seu perdão é incondicional" (PAGOLA. Op. cit., p. 419).

e ergueu para Jesus beber, dizendo: "Deixem, vamos ver se Elias vem tirá-lo da cruz". Jesus deu um forte grito e expirou[115].

Em geral, as crucificações ocorriam sobre um lugar elevado para que o público visse de longe o condenado. A haste vertical media dois metros e meio, o que facilitava o acesso das aves de rapina ao corpo do crucificado. Os pés da vítima ficavam entre trinta e cinquenta centímetros do solo, mas não apoiados em um suporte, como a arte cristã demonstra nas pinturas e imagens desde o século VII. Eram amarrados ou pregados à haste vertical, que tinha fixada no meio uma cavilha, onde o condenado "sentava". Em geral, o crucificado morria de asfixia gradual[116].

O vinho avinagrado que o soldado ofereceu a Jesus tinha o nome latino *posca*, bebida forte, muito popular entre os soldados romanos. Ajudava a levantar o ânimo. Mas, neste caso, tratava-se de um escárnio, para que resistisse até Elias vir livrá-lo da cruz...

Jesus teve uma vida de oração como a nossa. Com altos e baixos. Momentos de efusão no Espírito, como no Monte Tabor ao lado de Elias e Moisés, e de secura, como ao se sentir tentado no deserto. Admitiu que nada parecia impossível a Deus, como disse aos discípulos após decepcionar o homem rico, mas também se sentiu abandonado por Deus, como veremos em seguida.

---

115. Há quem negue a existência histórica de Jesus, embora haja mais provas do que a existência de Sócrates. Fora as fontes cristãs, que podem ser consideradas suspeitas, há pelo menos dois documentos insuspeitos que se referem a Ele: os *Anais* (15; 44,3) de Tácito (56 d.C.-120 d.C.), historiador romano, que diz ter sido Ele "condenado à morte durante o reinado de Tibério pelo governador Pôncio Pilatos", e Flávio Josefo (37 d.C.-100 d.C.), em *Antiguidades judaicas* (18; 3,3): Jesus "atraiu muitos judeus e muitos de origem grega. E quando Pilatos, por causa de uma acusação feita pelas autoridades, o condenou à cruz, os que antes o haviam amado não deixaram de fazê-lo".

116. Cf. WEBER, 1975, apud MYERS. Op. cit., p. 457.

Portanto, não podemos penetrar a mente de Deus. Apenas confiar – verbo que significa "com fé".

Pelo relato de Marcos, sabemos que Jesus resistiu à morte por sufocação na cruz durante seis horas, das nove da manhã às três da tarde. Pressentindo o fim, sentiu-se abandonado por Deus. Como muitos de nós ao longo da vida. O Pai se distanciara. Tanto que, desta vez, não clamou "*Abbá*", Pai, e sim "*Javé*". Deus silenciou. Eis a escuridão da fé! Por vezes somos tentados, como Jesus, a querer que Deus faça intervenções miraculosas na história humana! Difícil aceitar que por amor Ele nos criou livres, inclusive para rejeitá-lo. E coerente com esse amor respeita a nossa autonomia. Não fosse assim, não seríamos humanos, seríamos robôs.

Jamais saberemos o que Jesus clamou ao gritar. Espectadores tiveram a impressão de que ele clamava por Elias. Na época, corria uma lenda popular de que Elias haveria de salvar os devotos em situação de necessidade. Mas Jesus deu um "grande grito" e expirou. Elias não respondeu; Deus se manteve em silêncio.

> *Neste momento, a cortina do santuário do Templo se rasgou de alto a baixo, em duas partes. O centurião[117], que se encontrava bem diante da cruz de Jesus, ao ver que Ele tinha expirado, afirmou: "De fato, este homem era realmente o Filho de Deus".*

A ruptura da cortina do santuário do Templo, feita de pele de camelo, simboliza que, em Jesus, irrompeu a nova proposta do Reino de Deus. Cindiu-se o poder do Templo. Cindiu-se a antiga ordem. A cortina à entrada do recinto mais sagrado do Templo – conhecido como Santo dos Santos –, rasgou. Simbolizava a separação, de um lado, entre Javé e a classe religiosa elitista que tinha acesso ao Santuário, e, de outro, o povo. Os sacerdotes, mediadores entre os fiéis, e que viviam à parte e aci-

---

117. Oficial romano que comandava destacamento de cem soldados.

ma do povo, agora estavam desmoralizados. Javé não estava no Templo, estava no crucificado.

Ali se firmou o novo pacto de Deus com a humanidade, isto é, o Novo Testamento. E a nova aliança não é somente com os judeus, mas também com os demais povos, como simboliza a profissão de fé do oficial romano. Como já foi dito, Marcos escreveu seu relato evangélico em Roma e para evitar confronto com seus leitores não culpou os romanos pelo assassinato de Jesus, e ainda acrescentou a declaração de fé de um centurião. Contudo, há aqui uma negação implícita da divindade do imperador.

É apressado concluir que o centurião romano ao exclamar, aos pés da cruz, "este homem era realmente o filho de Deus", estivesse fazendo uma profissão de fé. Convém recordar que, com essa mesma expressão, os demônios se referiram a Jesus. Toda a narrativa de Marcos dá a entender que os detentores do poder sabiam quem era Jesus, enquanto os discípulos se sentiam inseguros, embora confiassem nele. Outra hipótese é a de que Marcos, no seu empenho evangelizador junto aos romanos, quis jogar uma "isca" e, assim, pôs na boca do oficial pagão a confissão de fé cristã.

Myers descreve o cenário: "Não há voz alguma vinda das nuvens, somente a voz de Jesus reclama do abandono por Deus; não são os céus que se rasgam (*schizo*), mas o véu do santuário terreno; Jesus não está com Moisés e Elias, mas entre dois bandidos; não é a voz celeste que confirma Jesus como 'Filho de Deus', porém um inimigo, o centurião"[118].

> *Presentes ali também algumas mulheres que a tudo observavam de longe, entre as quais Maria Madalena; Maria, mãe de Tiago[119], o Menor, e de José; e*

---

118. Op. cit., p. 481.

119. Refere-se a Maria, mãe de Jesus. Cf. *Evangelho de Marcos* 6,3.

*Salomé. Elas haviam acompanhado e servido Jesus
desde quando Ele estava na Galileia. E muitas outras mulheres, que tinham ido com Jesus a Jerusalém, estavam ali também.*

Os romanos não permitiam que homens se aproximassem dos condenados. Mas não davam importância às mulheres. Os discípulos, frustrados e amedrontados, tinham se dispersado. Com certeza, desiludidos. O Deus de Jesus havia se omitido e, no seu silêncio, desautorizado tudo que Jesus anunciara. Nada do Reino dele se manifestar, de o Templo ser destruído, de Jesus ressuscitar. Tudo não passara de uma utopia que resultara em sangue e derrota...

As mulheres estiveram sempre presentes na vida de Jesus. Participavam de seu Movimento. Marcos cita três: Madalena[120]; Maria, mãe de Jesus; e Salomé, mulher de Zebedeu e mãe dos apóstolos João e Tiago. Foi a Igreja Católica que com seu patriarcalismo infundado obscureceu a presença das mulheres junto a Jesus e, ainda hoje, proíbe que se tornem sacerdotes, bispos e papas.

O relato de Marcos destaca uma virtude encontrada muito mais em mulheres do que em homens: o cuidado do outro.

Mas há outro detalhe no relato evangélico que merece atenção: nenhum discípulo é citado. Por medo, covardia ou medida de segurança, nenhum dos Doze se fez presente ao pé da cruz. No entanto, as mulheres não abandonaram Jesus, não o negaram nem o traíram. Considero-as verdadeiras apóstolas[121]. Jesus, entretanto, não poderia tê-las enviado pela Galileia para anunciar a proposta

---

120. Carece de fundamento considerar Maria Madalena prostituta. Cf. Pagola. Op. cit., p. 283.

121. "Nunca estas mulheres são chamadas 'discípulas' pela simples razão de que não existia em aramaico uma palavra para nomeá-las assim. Também os evangelhos gregos não falam de discípulas. O fenômeno de mulheres integradas no grupo de discípulos de Jesus era tão novo, que ainda não existia uma

do Reino, como fez com os discípulos homens. Elas simplesmente teriam sido rejeitadas! Não mereciam crédito. Elas sequer podiam falar em público, nem mesmo ler as Escrituras.

> *No dia da Preparação, isto é, a véspera do sábado, chegou José de Arimateia, membro importante do Sinédrio. Também vivia na expectativa da manifestação do Reino de Deus. Destemido, compareceu à presença de Pilatos e pediu o corpo de Jesus. Pilatos espantou-se ao saber que Jesus tinha morrido tão depressa[122]. Chamou o centurião e perguntou se fazia muito tempo que Jesus tinha morrido. O oficial confirmou e, então, Pilatos ordenou que entregasse o corpo a Arimateia. Este comprou um lençol de linho, desceu o corpo da cruz e o envolveu no pano. Em seguida, depositou Jesus num túmulo escavado na rocha e rolou uma pedra para fechar a entrada. Maria Madalena e Maria, mãe de José, espiaram onde Jesus tinha sido colocado.*

Por que um "membro importante do Sinédrio" e que "vivia na expectativa da manifestação do Reino de Deus", como registrou Marcos, se interessou em dar sepultura ao corpo de Jesus? O costume romano era deixar o crucificado exposto para causar horror à população, até que o cadáver fosse devorado pelas aves de rapina.

Mateus dirá em seu evangelho que Arimateia "também se tornara discípulo de Jesus" (27,57). Segundo João, "secretamente" (19,38). E de acordo com Lucas, ele "não concordara com a sentença, nem com a ação de outros membros" (do Sinédrio) para assassinar Jesus (23,51).

---

linguagem adequada para expressá-lo. Não são chamadas de discípulas, mas Jesus as vê e trata como tais" (PAGOLA. Op. cit., pp. 278-279).

122. "A surpresa de Pilatos face à rapidez da morte de Jesus na cruz indica a probabilidade de a flagelação ter sido brutalmente severa" (LOURENÇO. F. Op. cit., n. da p. 212).

Pode ser que, para Marcos, Arimateia vivesse na expectativa da manifestação triunfal do Reino, tal como ainda hoje muitos judeus esperam. E pode ser que, como judeu devoto, quis apenas cumprir mais um preceito do Código da Pureza, o de não deixar insepulto o cadáver de um judeu, ainda que rebelde, depois do pôr do sol (*Deuteronômio* 21,23), principalmente em uma sexta-feira, véspera do sábado sagrado. Mas é significativo que na morte de Jesus os únicos homens presentes tenham sido um grupo de pagãos, o centurião romano e os soldados, e um judeu membro do Sinédrio.

Tudo indica que Marcos não comungava a mesma simpatia que os outros três evangelistas demonstram para com José de Arimateia. Ao ressaltar que Pilatos atendeu ao pedido de entregar-lhe o corpo de Jesus, o evangelista demonstra o vínculo de cumplicidade e dependência do Sinédrio em relação ao poder romano. Marcos não descreve os rituais judaicos de sepultamento. Limita-se a informar que o corpo de Jesus foi enrolado em um lençol e depositado no túmulo. O que dá a entender que Arimateia queria mesmo era dar sumiço no corpo de Jesus o mais depressa possível, antes que um dos discípulos viesse buscá-lo. E como autoridade religiosa, membro do Sinédrio, naquela sexta-feira à tarde correu para evitar que a exposição do corpo de Jesus profanasse o sábado. Essa hipótese é reforçada pela narrativa seguinte, que descreve as mulheres empenhadas em cuidar do corpo de Jesus, conforme os rituais judaicos.

Enquanto os discípulos de João cuidaram de sepultá-lo, os de Jesus o abandonaram ao relento.

Capítulo 16

Passado o sábado, Maria Madalena, Maria, mãe de Tiago, e Salomé, compraram perfumes para ungir Jesus. E no primeiro dia da semana, bem cedo, foram ao túmulo, mal o sol havia despontado. Comentavam entre si: "Quem removerá a pedra do túmulo para nós?" Mas, ao olharem, viram que a enorme pedra havia sido removida.

Muitos estudiosos da Bíblia concordam que este capítulo 16 não é de autoria de Marcos. Destoa do estilo dele. Não importa. Importa que ele nos traz alimento para a fé.

De novo, aparecem as mulheres dispostas a cuidar do corpo de Jesus. Tratam de prepará-lo com ervas aromáticas, como era costume, porém negado a um homem condenado por subversão e blasfêmia. No caminho, se deram conta de que o túmulo estaria fechado por uma pesada pedra. Quem haveria de removê-la?

Há que salientar a ótica feminista de Marcos: ao contrário dos discípulos, elas não abandonaram Jesus. Quem eram aquelas mulheres? São mencionadas pelo nome e uma delas, "Maria, mãe de Tiago" pode ser identificada como Maria, mãe de Jesus, citada no episódio do capítulo 6, quando a família supôs que Ele tinha enlouquecido. ("Ele não é o carpinteiro, filho de Maria, irmão de Tiago, José, Judas e Simão?").

Segundo Myers, "o perfil das personagens femininas no Evangelho indica que as mulheres eram consideradas plenamente pessoas fora de seus papéis tradicionais de auxiliares subalternas. [...] A crítica de Marcos ao patriarcado supõe fortemente que as mulheres sejam consideradas mais aptas para a vocação de guia no serviço do que os homens"[123].

Marcos ou o pseudo-Marcos opera aqui uma verdadeira revolução cultural. Aos três líderes do Grupo dos Doze – Pedro, Tiago e João – ele contrapõe três mulheres: Madalena, Maria e Salomé. As mulheres, consideradas seres inferiores, "últimas", agora passaram a ocupar o primeiro lugar. E a elas seria confiada a notícia da ressurreição.

> *Ao entrar no túmulo, avistaram, sentado do lado direito, um jovem vestido de roupas brancas, e ficaram assustadas. Ele disse a elas: "Não tenham medo. Vocês procuram Jesus de Nazaré, que foi crucificado. Ele ressuscitou, já não está aqui. Venham ver o lugar onde o puseram. Agora digam aos discípulos e a Pedro que Ele estará na Galileia antes de vocês. Lá vocês o verão como Ele havia dito".*
>
> As mulheres saíram correndo do túmulo; estavam trêmulas e assustadas. E não contaram nada a ninguém porque tinham medo.

Viram um jovem sentado do lado direito – esta a posição disputada pelos discípulos (10,37), atribuída ao Messias pelo salmista (12,36) e ao Filho do Homem (14,62). "É o símbolo do verdadeiro poder de solidariedade"[124].

O jovem vestia roupas brancas – a mesma cor das vestes de Jesus na transfiguração (9,3). E o jovem se refere a Jesus como o "que foi crucificado". Agora, ressuscitou!

Não devemos estranhar que as mulheres estivessem com medo. Em vários momentos do relato os discípulos são descritos como "medrosos", como nas duas travessias de barco em meio à tempestade (4,41; 6,50); na transfiguração (9,6); quando Jesus

---

123. Op. cit., p. 512.

124. MYERS. Op. cit., p. 470.

predisse seu assassinato (9,32); e na viagem a Jerusalém (10,32). Ter medo não é demérito, é humano.

"Ele estará na Galileia". Após ser batizado por João às margens do Jordão, Jesus "retornou à Galileia". Agora, ressuscitado, também retorna à Galileia. Esta região fica distante de Jerusalém e era considerada lugar "impuro" pelas autoridades religiosas. Jesus, mesmo ressuscitado, opta por continuar à margem...

A presença de Jesus na Galileia e sua chegada antes dos discípulos marca a continuidade de sua missão. Jesus estava vivo! E prosseguiria seu projeto de fazer "vir a nós o vosso Reino", como oramos no *Pai nosso*.

"Estar na Galileia" significa estar onde Jesus esteve: com os pobres, os excluídos, comprometido com a causa do Reino, vivenciando o amor, o perdão e a partilha.

Desde o Primeiro Testamento havia a fé de que os justos haveriam de ressuscitar. Os doutores da Lei, conscientes de quantos israelitas foram martirizados por resistirem à dominação estrangeira, alimentavam esta convicção. O profeta Daniel, 600 a.C., já assinalava que "muitos que dormem no pó despertarão" (12,2).

De qualquer modo, perdura a pergunta dos discípulos: "O que significa 'ressuscitar dos mortos'?" (9,10).

> *Após ressuscitar na manhã do primeiro dia da semana, Jesus apareceu, primeiro, a Maria Madalena, de quem havia expulsado sete demônios. Foi ela quem deu a notícia aos seguidores de Jesus, que estavam de luto e choravam. Quando souberam que Ele estava vivo e ela o tinha visto, não quiseram acreditar.*

"Primeiro dia da semana", o nosso domingo, significa "dia do Senhor". É emblemático que a primeira aparição de Jesus ressuscitado não tenha sido a Pedro ou aos Onze, e sim a uma mulher, Maria Madalena. Ela foi a primeira testemunha da ressurreição. E "foi ela quem deu a notícia aos seguidores de Jesus". Mas eles não deram crédito. Palavra de mulher não era confiável, como reforça o machismo ainda hoje.

A "possessão demoníaca" é praticamente ausente nos séculos anteriores a Jesus[125]. Vários estudiosos acreditam que ela se tornou comum na Galileia de Jesus como um distúrbio provocado pela dominação romana. O Império suscitava tanto temor e terror que muitas pessoas, impotentes, tinham na "possessão" um mecanismo de autodefesa de quem sentia destruída a sua identidade como pessoa e como nação "eleita" por Deus.

> *Mais tarde, Jesus apareceu, com outra aparência, a dois discípulos que se dirigiam ao campo. Eles retornaram e anunciaram isso aos outros, que também não acreditaram no que ouviram.*

Em seguida, Jesus apareceu aos discípulos que caminhavam rumo ao povoado de Emaús, como descreve o evangelista Lucas (24,13-35)[126]. Também os Onze não deram crédito, com certeza convencidos de que, "importantes" como eram, se fosse verdade Jesus teria aparecido primeiro a eles. Por que haveria de aparecer, primeiro, a quem não tinha sido tão próximo dele como os Onze? Somos orgulhosos e cedemos com frequência à tentação de julgar que merecemos mais atenção de alguém do que outras pessoas!

> *Por fim, Jesus apareceu aos Onze discípulos enquanto eles comiam. Censurou-lhes a incredulidade e dureza de coração por não acreditar naqueles que o viram ressuscitado.*

Um dos Doze traiu Jesus. Outro o negou três vezes. Todos fugiram na hora em que Ele foi preso. Nenhum se apresentou junto à cruz. Como esperar que Jesus aparecesse, primeiro, a

---

125. Cf. PAGOLA. Op. cit., p. 208, n. 45.

126. Segundo Pagola, um casal. Cf. Op. cit., p. 279, n. 69.

um grupo tão vacilante? Mas quando o fez tratou de puxar-lhes as orelhas.

É emblemático que Jesus tenha aparecido enquanto eles tomavam uma refeição. A comum união (comunhão) em torno da mesa é uma forte característica cristã. O próprio Jesus diversas vezes se identificou com o mais universal e cotidiano dos alimentos: "Eu sou o pão da vida" (*João* 6,48). Sempre defendi que o símbolo do Cristianismo deveria ser o pão, alimento de vida, e não a cruz, emblema de morte.

> *E Jesus disse a eles: "Vão pelo mundo inteiro e anunciem o Evangelho a todas as pessoas. Quem acreditar e for batizado, será salvo. Mas quem não acreditar, será condenado. Os sinais que acompanharão aqueles que acreditarem serão estes: expulsarão demônios em meu nome; falarão novas línguas; se pegarem cobras ou tomarem algum veneno mortal, isso não lhes fará mal; ao impor as mãos aos doentes, eles ficarão curados".*

Vê-se que o trecho acima contrasta com o conjunto do relato de Marcos. É nitidamente doutrinário, soa como um manual de missão. Importa, porém, o seu sentido: Jesus enviou seus discípulos ao "mundo inteiro" e "a todas as pessoas". Assim, quebrou as fronteiras das religiões que antecederam o Cristianismo, todas confinadas em uma nacionalidade, etnia, língua, região ou poder político. Esse o caráter "católico" (palavra que significa "universal") do Cristianismo.

> *Depois de falar com os discípulos, o Senhor Jesus foi levado ao céu, onde está sentado à direita de Deus. Os discípulos então partiram para anunciar a Boa-nova por toda parte. O Senhor cooperava com eles; e, por meio dos sinais que os acompanhavam, comprovava que o ensinamento deles era verdadeiro.*

Crer na ressurreição de Jesus não é tanto questão de fé. É, sobretudo, de seguimento. Somente ao levar adiante o Movimento e a proposta do Reino, podemos afirmar que Jesus continua vivo. Ao final, temos que repetir como o pai do menino curado por Jesus: "Tenho fé, mas ajuda a minha falta de fé" (9,24).

Referências

A Bíblia – Tradução ecumênica (TEB). São Paulo: Paulinas/Loyola, 1996.

A Bíblia de Jerusalém. São Paulo: Paulinas, 1985.

Bíblia – Novo Testamento: os quatro evangelhos. Trad. do grego por F. Lourenço. São Paulo: Companhia das Letras, 2017.

Bíblia Sagrada – Edição pastoral. São Paulo: Sociedade Bíblica Internacional/Paulus, 1990.

BOFF, L. *Paixão de Cristo, paixão do mundo*. Petrópolis: Vozes, 1978.

BRAVO, C. *Galileia ano 30 – Para ler o Evangelho de Marcos*. São Paulo: Paulinas, 1996.

BRAVO, C. *Jesus, homem em conflito* – O relato de Marcos na América Latina. São Paulo: Paulinas, 1997.

CARTER, W. *O Evangelho de São Mateus* – Comentário sociopolítico e religioso a partir das margens. São Paulo: Paulus, 2004.

Evangelho de Marcos. São Paulo: Ave Maria [Disponível em https://www.bibliacatolica.com.br/biblia-ave-maria/sao-marcos/1/].

FERNANDES, L.A.; GREENZER, M. *Evangelho Segundo Marcos – Eleição, partilha e amor*. São Paulo: Paulinas, 2012.

GORGULHO, G.; ANDERSON, A.F. *O Evangelho e a vida de Marcos*. São Paulo: Paulinas, 1975.

HORSLEY, R.A. *Jesus e o império – O Reino de Deus e a nova desordem mundial*. São Paulo: Paulus, 2004.

JEREMIAS, J. *Jerusalém no tempo de Jesus*. São Paulo: Paulinas, 1983.

L'évangile selon saint Marc. Lomé: Cerf/Verbum Bible, 1985.

MALONEY, E.C. *Mensagem urgente de Marcos*. São Paulo: Paulinas, 2008.

MESTERS, C.; LOPES, M. *Caminhando com Jesus – Círculos Bíblicos do Evangelho de Marcos*. Vol. 182/183, 184/185. São Leopoldo: Cebi, 2003.

MYERS, C. *O Evangelho de São Marcos*. São Paulo: Paulinas, 1992.

PAGOLA, J.A. *Jesus – Aproximação histórica*. 6. ed. Petrópolis: Vozes, 2013.

Obras do autor

Obras de Frei Betto

Edições nacionais

1 – *Cartas da prisão* – 1969-1973. Rio de Janeiro: Agir, 2008 [Essas cartas foram publicadas anteriormente em duas obras: *Cartas da prisão* e *Das catacumbas*. Rio de Janeiro: Civilização Brasileira. *Cartas da prisão*, editada em 1974, teve a 6ª edição lançada em 1976. Nova edição: São Paulo: Companhia das Letras, 2017].

2 – *Das catacumbas*. Rio de Janeiro: Civilização Brasileira, 1976 [3ª ed., 1985]. – Obra esgotada.

3 – *Oração na ação*. Rio de Janeiro: Civilização Brasileira, 1977 [3ª ed., 1979]. – Obra esgotada.

4 – *Natal, a ameaça de um menino pobre*. Petrópolis: Vozes, 1978. – Obra esgotada.

5 – *A semente e o fruto* – Igreja e comunidade. Petrópolis: Vozes [3ª ed., 1981]. – Obra esgotada.

6 – *Diário de Puebla*. Rio de Janeiro: Civilização Brasileira, 1979 [2ª ed., 1979]. – Obra esgotada.

7 – *A vida suspeita do subversivo Raul Parelo* [contos]. Rio de Janeiro: Civilização Brasileira, 1979 (esgotada). Reeditada sob o título de *O aquário negro*. Rio de Janeiro: Difel, 1986. Nova edição do Círculo do Livro, 1990. Em 2009, foi lançada pela Agir nova edição revista e ampliada. Rio de Janeiro. – Obra esgotada.

8 – *Puebla para o povo*. Petrópolis: Vozes, 1979 [4ª ed. 1981]. – Obra esgotada.

9 – *Nicarágua livre, o primeiro passo*. Rio de Janeiro: Civilização Brasileira, 1980. Dez mil exemplares editados em Jornalivro. São Bernardo do Campo: ABCD-Sociedade Cultural, 1981. – Obra esgotada.

10 – *O que é Comunidade Eclesial de Base*. São Paulo: Brasiliense [5ª ed., 1985]. Coedição Abril (São Paulo, 1985) para bancas de revistas e jornais. – Obra esgotada.

11 – *O fermento na massa*. Petrópolis: Vozes, 1981. – Obra esgotada.

12 – *CEBs, rumo à nova sociedade*. São Paulo: Paulinas [2ª ed., 1983]. – Obra esgotada.

13 – *Fogãozinho, culinária em histórias infantis* [com receitas de Maria Stella Libânio Christo]. Rio de Janeiro: Nova Fronteira, 1984 [3ª ed., 1985]. Nova edição da Mercuryo Jovem, São Paulo, 2002 [7ª ed.].

14 – *Fidel e a religião, conversas com Frei Betto*. São Paulo: Brasiliense, 1985 [23ª ed., 1987]. São Paulo: Círculo do Livro, 1989 (esgotada). 3ª edição, ampliada e ilustrada com fotos. São Paulo: Fontanar, 2016.

15 – *Batismo de sangue* – Os dominicanos e a morte de Carlos Marighella. Rio de Janeiro: Civilização Brasileira, 1982 [7ª ed., 1985]. Reeditado pela Bertrand do Brasil (Rio de Janeiro, 1987) [10ª ed., 1991]. São Paulo: Círculo do Livro, 1982. Em 2000 foi lançada a 11ª ed., revista e ampliada – *Batismo de sangue* – A luta clandestina contra a ditadura militar – Dossiês Carlos Marighella e Frei Tito –, pela Casa Amarela, São Paulo. Em 2006 e foi lançada a 14ª ed., revista e ampliada, pela Rocco.

16 – *OSPB* – Introdução à política brasileira. São Paulo: Ática, 1985 [18ª ed., 1993]. – Obra esgotada.

17 – *O dia de Angelo* [romance]. São Paulo: Brasiliense, 1987 [3ª ed., 1987]. São Paulo: Círculo do Livro, 1990. – Obra esgotada.

18 – *Cristianismo & marxismo*. Petrópolis: Vozes [3ª ed., 1988]. – Obra esgotada.

19 – *A proposta de Jesus* – Catecismo popular, vol. I. São Paulo: Ática, 1989 [3ª ed., 1991]. – Obra esgotada.

20 – *A comunidade de fé* – Catecismo popular, vol. II. São Paulo: Ática, 1989 [3ª ed., 1991]. – Obra esgotada.

21 – *Militantes do reino* – Catecismo popular, vol. III. São Paulo: Ática, 1990 [3ª ed., 1991]. – Obra esgotada.

22 – *Viver em comunhão de amor* – Catecismo popular, vol. IV. São Paulo: Ática, 1990 [3ª ed., 1991]. – Obra esgotada.

23 – *Catecismo popular* [versão condensada]. São Paulo: Ática, 1992 [2ª ed., 1994]. – Obra esgotada.

24 – *Lula* – Biografia política de um operário. São Paulo: Estação Liberdade, 1989 [8ª ed., 1989]. • *Lula* – Um operário na Presidência. São Paulo: Casa Amarela, 2003 – Edição revista e atualizada.

25 – *A menina e o elefante* [infantojuvenil]. São Paulo: FTD, 1990 [6ª ed., 1992]. Em 2003, foi lançada nova edição revista pela Editora Mercuryo Jovem, São Paulo [3ª ed.].

26 – *Fome de pão e de beleza*. São Paulo: Siciliano, 1990. – Obra esgotada.

27 – *Uala, o amor* [infantojuvenil]. São Paulo: FTD, 1991 [12ª ed., 2009]. Nova edição, 2016.

28 – *Sinfonia universal* – A cosmovisão de Teilhard de Chardin. São Paulo: Ática, 1997 [5ª ed. revista e ampliada]. A 1ª edição foi editada pelas Letras & Letras, São Paulo, 1992 [3ª ed. 1999]. Petrópolis: Vozes, 2011.

29 – *Alucinado som de tuba* [romance]. São Paulo: Ática, 1993 [20ª ed., 2000].

30 – *Por que eleger Lula presidente da República* [Cartilha popular]. São Bernardo do Campo: FG, 1994. – Obra esgotada.

31 – *O paraíso perdido* – Nos bastidores do socialismo. São Paulo: Geração, 1993 [2ª ed., 1993]. Na edição atualizada, ganhou o título *O paraíso perdido* – Viagens ao mundo socialista. Rio de Janeiro: Rocco, 2015.

32 – *Cotidiano & mistério*. São Paulo: Olho d'Água, 1996 [2ª ed. 2003]. – Obra esgotada.

33 – *A obra do Artista* – Uma visão holística do universo. São Paulo: Ática, 1995 [7ª ed., 2008]. Rio de Janeiro: José Olympio, 2011.

34 – *Comer como um frade* – Divinas receitas para quem sabe por que temos um céu na boca. Rio de Janeiro: Francisco Alves, 1996 [2ª ed., 1997]. Rio de Janeiro: José Olympio, 2003.

35 – *O vencedor* [romance]. São Paulo: Ática, 1996 [15ª ed., 2000].

36 – *Entre todos os homens* [romance]. São Paulo: Ática, 1997 [8ª ed., 2008]. Na edição atualizada, ganhou o título *Um homem chamado Jesus*. Rio de Janeiro: Rocco, 2009.

37 – *Talita abre a porta dos evangelhos*. São Paulo: Moderna, 1998. – Obra esgotada.

38 – *A noite em que Jesus nasceu*. Petrópolis: Vozes, 1998. – Obra esgotada.

39 – *Hotel Brasil* [romance policial]. São Paulo: Ática, 1999 [2ª ed., 1999]. Na edição atualizada, ganhou o título *Hotel Brasil* – O mistério das cabeças degoladas. Rio de Janeiro: Rocco, 2010.

40 – *A mula de Balaão*. São Paulo: Salesiana, 2001.

41 – *Os dois irmãos*. São Paulo: Salesiana, 2001.

42 – *A mulher samaritana*. São Paulo: Salesiana, 2001.

43 – *Alfabetto* – Autobiografia escolar. São Paulo: Ática, 2002 [4ª ed.].

44 – *Gosto de uva* – Textos selecionados. Rio de Janeiro: Garamond, 2003.

45 – *Típicos tipos* – Coletânea de perfis literários. São Paulo: A Girafa, 2004. – Obra esgotada.

46 – *Saborosa viagem pelo Brasil* – Limonada e sua turma em histórias e receitas a bordo do fogãozinho [com receitas de Maria Stella Libânio Christo]. São Paulo: Mercuryo Jovem, 2004 [2ª ed.].

47 – *Treze contos diabólicos e um angélico*. São Paulo: Planeta do Brasil, 2005.

48 – *A mosca azul – Reflexão sobre o poder*. Rio de Janeiro: Rocco, 2006.

49 – *Calendário do poder*. Rio de Janeiro: Rocco, 2007.

50 – *A arte de semear estrelas*. Rio de Janeiro: Rocco, 2007.

51 – *Diário de Fernando* – Nos cárceres da ditadura militar brasileira. Rio de Janeiro: Rocco, 2009.

52 – *Maricota e o mundo das letras*. São Paulo: Mercuryo/Novo Tempo, 2009.

53 – *Minas do ouro*. Rio de Janeiro: Rocco, 2011.

54 – *Aldeia do silêncio*. Rio de Janeiro: Rocco, 2013.

55 – *O que a vida me ensinou*. São Paulo: Saraiva, 2013.

56 – *Fome de Deus* – Fé e espiritualidade no mundo atual. São Paulo: Paralela, 2013.

57 – *Reinventar a vida*. Petrópolis: Vozes, 2014.

58 – *Começo, meio e fim*. Rio de Janeiro: Rocco, 2014.

59 – *Oito vias para ser feliz*. São Paulo: Planeta, 2014.

60 – *Um Deus muito humano* – Um novo olhar sobre Jesus. São Paulo: Fontanar, 2015.

61 – *Ofício de escrever*. Rio de Janeiro: Rocco, 2017.

62 – *Parábolas de Jesus* – Ética e valores universais. Petrópolis: Vozes, 2017.

63 – *Por uma educação crítica e participativa*. Rio de Janeiro: Rocco, 2018.

64 – *Sexo, orientação sexual e "ideologia de gênero"*. Rio de Janeiro: Grupo Emaús, 2018 [Coleção Saber].

65 – *Fé e afeto* – Espiritualidade em tempos de crise. Petrópolis: Vozes, 2019.

66 – *Minha avó e seus mistérios*. Rio de Janeiro: Rocco, 2019.

67 – *O marxismo ainda é útil?* São Paulo: Cortez Editora, 2019.

68 – *O Diabo na corte* – Leitura crítica do Brasil atual. São Paulo: Cortez Editora, 2020.

69 – *Diário de Quarentena* – 90 dias em fragmentos evocativos. Rio de Janeiro: Rocco, 2019.

70 – *Espiritualidade, amor e êxtase*. Petrópolis: Vozes, 2020.

71 – *Jesus militante* – Evangelho e projeto político do Reino de Deus. Petrópolis: Vozes, 2022.

Sobre Frei Betto

Frei Betto: biografia [Prefácio de Fidel Castro] [por Américo Freire e Evanize Sydow]. Rio de Janeiro: Civilização Brasileira, 2016.

Frei Betto e o socialismo pós-ateísta [por Fábio Régio Bento]. Porto Alegre: Nomos Editora e Produtora Ltda., 2018.

Em coautoria

1 – *O canto na fogueira* [com Frei Fernando de Brito e Ivo Lesbaupin]. Petrópolis: Vozes, 1976.

2 – *Ensaios de complexidade* [com Edgar Morin, Leonardo Boff e outros]. Porto Alegre: Sulina, 1977. – Obra esgotada.

3 – *O povo e o papa* – Balanço crítico da visita de João Paulo II ao Brasil [com Leonardo Boff e outros]. Rio de Janeiro: Civilização Brasileira, 1980. – Obra esgotada.

4 – *Desemprego* – Causas e consequências [com Dom Cláudio Hummes, Paulo Singer e Luiz Inácio Lula da Silva]. São Paulo: Paulinas, 1984. – Obra esgotada.

5 – *Sinal de contradição* [com Afonso Borges Filho]. Rio de Janeiro: Espaço e Tempo, 1988. – Obra esgotada.

6 – *Essa escola chamada vida* [com Paulo Freire e Ricardo Kotscho]. São Paulo: Ática, 1988 [18ª ed., 2003]. – Obra esgotada.

7 – *Teresa de Jesus*: filha da Igreja, filha do Carmelo [com Frei Cláudio van Belen, Frei Paulo Gollarte, Frei Patrício Sciadini e outros]. São Paulo: Instituto de Espiritualidade Tito Brandsma, 1989. – Obra esgotada.

8 – *O plebiscito de 1993* – Monarquia ou República? Parlamentarismo ou presidencialismo? [com Paulo Vannuchi]. Rio de Janeiro: Iser, 1993. – Obra esgotada.

9 – *Mística e espiritualidade* [com Leonardo Boff]. Rio de Janeiro: Rocco, 1994 [4ª ed., 1999]. Rio de Janeiro: Garamond [6ª ed., revista e ampliada, 2005]. Petrópolis: Vozes, 2009.

10 – *A reforma agrária e a luta do MST* [com VV.AA.]. Petrópolis: Vozes, 1997. – Obra esgotada.

11 – *O desafio ético* [com Eugênio Bucci, Luís Fernando Veríssimo, Jurandir Freire Costa e outros]. Rio de Janeiro/Brasília: Garamond/Codeplan, 1997 [4ª ed.].

12 – *Direitos mais humanos* [org. por Chico Alencar, com textos de Frei Betto, Nilton Bonder, Dom Pedro Casaldáliga, Luiz Eduardo Soares e outros]. Rio de Janeiro: Garamond, 1998.

13 – *Carlos Marighella* – O homem por trás do mito [coletânea de artigos org. por Cristiane Nova e Jorge Nóvoa]. São Paulo: Unesp, 1999. – Obra esgotada.

14 – *7 pecados do capital* [coletânea de artigos org. por Emir Sader]. Rio de Janeiro: Record, 1999. – Obra esgotada.

15 – *Nossa paixão era inventar um novo tempo* – 34 depoimentos de personalidades sobre a resistência à ditadura militar [org. de Daniel Souza e Gilmar Chaves]. Rio de Janeiro: Rosa dos Tempos, 1999. – Obra esgotada.

16 – *Valores de uma prática militante* [com Leonardo Boff e Ademar Bogo]. São Paulo: Consulta Popular, 2000 [Cartilha n. 09]. – Obra esgotada.

17 – *Brasil 500 Anos*: trajetórias, identidades e destinos. Vitória da Conquista: Uesb, 2000 [Série Aulas Magnas]. – Obra esgotada.

18 – *Quem está escrevendo o futuro?* – 25 textos para o século XXI [coletânea de artigos org. por Washington Araújo]. Brasília: Letraviva, 2000. – Obra esgotada.

19 – *Contraversões* – Civilização ou barbárie na virada do século [em parceria com Emir Sader]. São Paulo: Boitempo, 2000. – Obra esgotada.

20 – *O indivíduo no socialismo* [com Leandro Konder]. São Paulo: Fundação Perseu Abramo, 2000. – Obra esgotada.

21 – *O Decálogo* [contos] [com Carlos Nejar, Moacyr Scliar, Ivan Angelo, Luiz Vilela, José Roberto Torero e outros]. São Paulo: Nova Alexandria, 2000 – Obra esgotada.

22 – *As tarefas revolucionárias da juventude* [reunindo também textos de Fidel Castro e Lênin]. São Paulo: Expressão Popular, 2000. – Obra esgotada.

23 – *Estreitos nós* – Lembranças de um semeador de utopias [com Zuenir Ventura, Chico Buarque, Maria da Conceição Tavares e outros]. Rio de Janeiro: Garamond, 2001. – Obra esgotada.

24 – *Diálogos criativos* [em parceria com Domenico de Masi e José Ernesto Bologna]. São Paulo: DeLeitura, 2002. Rio de Janeiro: Sextante, 2006.

25 – *Democracia e construção do público no pensamento educacional brasileiro* [org. de Osmar Fávero e Giovanni Semeraro]. Petrópolis: Vozes, 2002. – Obra esgotada.

26 – *Por que nós, brasileiros, dizemos não à guerra* [em parceria com Ana Maria Machado, Joel Birman, Ricardo Setti e outros]. São Paulo: Planeta, 2003.

27 – *Fé e política* – Fundamentos. Pedro A. Ribeiro de Oliveira (org.) com Leonardo Boff, Frei Betto, Paulo F.C. Andrade, Clodovis Boff e outros. Aparecida-SP: Ideias e Letras, 2004.

28 – *A paz como caminho* [com José Hermógenes de Andrade, Pierre Weil, Jean-Yves Leloup, Leonardo Boff, Cristovam Buarque e outros] [coletânea de textos org. por Dulce Magalhães, apresentados no Festival Mundial da Paz]. Rio de Janeiro: Qualitymark, 2006.

29 – *Lições de gramática para quem gosta de literatura* [com Moacyr Scliar, Luís Fernando Veríssimo, Paulo Leminsky, Rachel de Queiroz, Ignácio de Loyola Brandão e outros]. São Paulo: Panda Books, 2007.

30 – *Sobre a esperança* – Diálogo [com Mario Sergio Cortella]. São Paulo: Papirus, 2007.

31 – *40 olhares sobre os 40 anos da Pedagogia do oprimido* [com Mario Sergio Cortella, Sérgio Haddad, Leonardo Boff Rubem Alves e outros]. Instituto Paulo Freire, 30/10/2008.

32 – *Dom Cappio*: rio e povo [com Aziz Ab'Sáber, José Comblin, Leonardo Boff e outros]. São Paulo: Centro de Estudos Bíblicos, 2008.

33 – *O amor fecunda o universo* – Ecologia e espiritualidade [com Marcelo Barros]. Rio de Janeiro: Agir, 2009. – Obra esgotada.

34 – *O parapitinga Rio São Francisco* [fotos de José Caldas, com Walter Firmo, Fernando Gabeira, Murilo Carvalho e outros]. Rio de Janeiro: Casa da Palavra.

35 – *Conversa sobre a fé e a ciência* [com Marcelo Gleiser]. Rio de Janeiro: Agir, 2011. – Obra esgotada.

36 – *Bartolomeu Campos de Queirós* – Uma inquietude encantadora [com Ana Maria Machado, João Paulo Cunha, José Castello, Marina Colasanti, Carlos Herculano Lopes e outros]. São Paulo: Moderna, 2012. – Obra esgotada.

37 – *Belo Horizonte* – 24 autores [com Affonso Romano de Sant'Anna, Fernando Brant, Jussara de Queiroz e outros]. Belo Horizonte: Mazza.

38 – *Dom Angélico Sândalo Bernardino* – Bispo profeta dos pobres e da justiça [com Dom Paulo Evaristo Arns, Dom Pedro Casaldáliga, Dom Demétrio Valentini, Frei Gilberto Gorgulho, Ana Flora Andersen e outros]. São Paulo: Acdem, 2012.

39 – *Depois do silêncio* – Escritos sobre Bartolomeu Campos de Queirós [com Chico Alencar, José Castello, João Paulo Cunha e outros]. Belo Horizonte: RHJ Livros, 2013.

40 – *Nos idos de março* – A ditadura militar na voz de 18 autores brasileiros [com Antonio Callado, Nélida Piñon, João Gilberto Noll e outros]. São Paulo: Geração, 2014.

41 – *Mulheres* [com Affonso Romano de Sant'anna, Fernando Fabbrini, Dagmar Braga e outros]. Belo Horizonte: Mazza, 2014.

42 – *O budista e o cristão*: um diálogo pertinente [com Heródoto Barbeiro]. São Paulo: Fontanar, 2017.

43 – *Advertências e esperanças* – Justiça, paz e direitos humanos [com Frei Carlos Josaphat, Marcelo Barros, Frei Henri Des Roziers, Ana de Souza Pinto e outros]. Goiânia: PUC-Goiás, 2014.

44 – *Marcelo Barros* – A caminhada e as referências de um monge [com Dom Pedro Casaldáliga, Dom Tomás Balduino, Carlos Mesters, João Pedro Stédile e outros]. Recife: Edição dos organizadores, 2014.

45 – *Dom Paulo Evaristo Cardeal Arns* – Pastor das periferias, dos pobres e da justiça [com Dom Pedro Casaldáliga, Fernando Altemeyer Júnior, Dom Demétrio Valentim e outros]. São Paulo: Casa da Terceira Idade Tereza Bugolim, 2015.

46 – *Cuidar da casa comum* [com Leonardo Boff, Maria Clara Lucchetti Bingemer, Pedro Ribeiro de Oliveira, Marcelo Barros, Ivo Lesbaupin e outros]. São Paulo: Paulinas, 2016.

47 – *Criança e consumo* – 10 anos de transformação [com Clóvis de Barros Filho, Ana Olmos, Adriana Cerqueira de Souza e outros]. São Paulo: Instituto Alana, 2016.

48 – *Por que eu e não outros?* – Caminhada de Adilson Pires da periferia para a cena política carioca [com Jailson de Souza e Silva e Eliana Sousa Silva]. Rio de Janeiro: Observatório de Favelas/Agência Diálogos, 2016.

49 – *Em que creio eu* [com Ivone Gebara, Jonas Resende, Luiz Eduardo Soares, Márcio Tavares d'Amaral, Leonardo Boff e outros]. São Paulo: Edições Terceira Via, 2017.

50 – *(Neo) Pentecostalismos e sociedade* – Impactos e/ou cumplicidades [com Pedro Ribeiro de Oliveira, Faustino Teixeira, Magali do Nascimento Cunha, Sinivaldo A. Tavares, Célio de Pádua Garcia]. São Paulo: Edições Terceira Via e Fonte Editorial, 2017.

51 – *Dom Paulo* – Testemunhos e memórias sobre o Cardeal dos Pobres [com Clóvis Rossi, Fábio Konder Comparato, Fernando Altemeyer Júnior, Leonardo Boff e outros]. São Paulo: Paulinas, 2018.

52 – *Jornadas Teológicas Dom Helder Camara* – Semeando a esperança de uma Igreja pobre, servidora e libertadora. Recife, 2017 [Palestras, volumes I e II, org. pelo Conselho Editorial Igreja Nova].

53 – *Lula livre-Lula livro* [obra org. por Ademir Assunção e Marcelino Freire] [com Raduan Nassar, Aldir Blanc, Eric Nepomuceno, Manuel Herzog e outros]. São Paulo, jul./2018.

54 – *Direito, arte e liberdade* [obra org. por Cris Olivieri e Edson Natale]. São Paulo: Edições Sesc, 2018.

55 – *Papa Francisco com os movimentos populares* [obra org. por Francisco de Aquino Júnior, Maurício Abdalla e Robson Sávio] [com Chico Whitaker, Ivo Lesbaupin, Macelo Barros e outros]. São Paulo: Paulinas, 2018.

56 – *Ternura cósmica* – Leonardo Boff, 80 anos [com Maria Helena Arrochellas, Marcelo Barros, Michael Lowy, Rabino Nilton Bonder, Carlos Mesters e outros]. Petrópolis: Vozes, 2018.

57 – *Maria Antonia* – Uma rua na contramão – 50 anos de uma batalha [com Antonio Candido, Mário Schenberg, Adélia Bezerra de Meneses]. São Paulo: Universidade de São Paulo – Faculdade de Filosofia – Letras e Ciências Humanas, 2018.

58 – *Alfabetização, letramento e multiletramentos em tempos de resistência.* Com Gilda Figueiredo Portugal Gouvea, Renato Felipe Amadeu Russo, Fernanda Coelho Liberali, Antonia Megale e outros. São Paulo: Pontes Editores, 2019.

59 – *Françóis Houtart*: Vida y pensamiento – Grupo de Pensamiento Alternativo. Com Gustavo Pérez Ramírez, Samir Amin, Nguyen Duc Truyen e outros. Colômbia: Ediciones Desde Abajo, 2019.

60 – *A mística do Bem Viver.* Com Leonardo Boff, Pedro Ribeiro de Oliveira, Chico Alencar, Henrique Vieira, Rosemary Fernandes da Costa e outros. Belo Horizonte: Senso, 2019.

61 – *Lula e a espiritualidade* – Oração, meditação e militância. Com o padre Júlio Lancellotti, monja Coen, Faustino Teixeira, Cláudio de Oliveira Ribeiro, Hajj Mangolin, Pai Caetano de Oxossi, frei Carlos Mesters e outros. Organização Mauro Lopes, Paraná: Kotter Editorial; São Paulo: Editora 247, 2019.

Edições estrangeiras

1 – *Dai soterranei della storia*. Milão: Arnoldo Mondadori [2ª ed., 1973]. • *L'Église des prisons*. Paris: Desclée de Brouwer, 1972. • *La Iglesia encarcelada*. Buenos Aires: Rafael Cedeño, 1973. • *Creo desde la carcel*. Bilbao: Desclée de Brouwer, 1976. • *Creo desde la carcel*. Bilbao: Desclée de Brouwer, 1976. • *Lettres de prison*. Paris: Du Cerf, 1980. • *Lettere dalla prigione*. Bolonha: Dehoniane, 1980. • *Brasilianische passion*. Munique: Kösel Verlag, 1973. • *Fangelsernas Kyrka*. Estocolmo: Gummessons, 1974. • *Geboeid Kijk ik om mij heen*. Bélgica: Gooi en sticht bvhilversum, 1974. • *Against principalities and powers*. Nova York: Orbis Books, 1977.

2 – *Novena di San Domenico*. Bréscia: Queriniana, 1974.

3 – *17 días en Puebla*. México: CRI, 1979. • *Diario di Puebla*. Bréscia: Queriniana, 1979.

4 – *La preghiera nell'azione*. Bolonha: Dehoniane, 1980.

5 – *Que es la Teología de la Liberación?* Peru: Celadec, 1980.

6 – *Puebla para el Pueblo*. México: Contraste, 1980.

7 – *Battesimo di sangue*. Bolonha: Asal, 1983. • *Les frères de Tito*. Paris: Du Cerf, 1984. • *La pasión de Tito*. Caracas: Dominicos, 1987. Nova edição revista e ampliada publicada pela Sperling & Kupfer, Milão, 2000. Grécia: Ekdoseis twn Synadelfwn, 2015. Santiago de Cuba: Editorial Oriente, 2018.

8 – *El acuario negro*. Havana: Casa de las Américas, 1986.

9 – *La pasión de Tito*. Caracas: Dominicos, 1987.

10 – *Fede e Perestroika* – Teologi della liberazione in Urss – com Clodovis Boff, J. Pereira Ramalho, P. Ribeiro de Oliveira, Leonardo Boff, Frei Betto. Assis: Cittadella Editrice, 1988.

11 – *El día de Angelo*. Buenos Aires: Dialéctica, 1987. • *Il giorno di Angelo*. Bolonha: EMI, 1989.

12 – *Los 10 mandamientos de la relación fe y politica*. Cuenca: Cecca, 1989. • *Diez mandamientos de la relación fe y política*. Panamá: Ceaspa, 1989.

13 – *De espaldas a la muerte* – Dialogos con Frei Betto. Guadalajara: Imdec, 1989.

14 – *Fidel y la religióni*. Havana: Oficina de Publicaciones del Consejo de Estado, 1985. Havana: Nova edição Editorial de Ciencias Sociales, 2018. Até 1995, editado nos seguintes países: México, República Dominicana, Equador, Bolívia, Chile, Colômbia, Argentina, Portugal, Espanha, França, Holanda, Suíça (em alemão), Itália, Tchecoslováquia (em tcheco e inglês), Hungria, República Democrática da Alemanha, Iugoslávia, Polônia, Grécia, Filipinas, Índia (em dois idiomas), Sri Lanka, Vietnã, Egito, Estados Unidos, Austrália, Rússia, Turquia. Há uma edição cubana em inglês. Austrália: Ocean Press, 2005. Havana, Ciencias Sociales, 2018.

15 – *Lula* – Biografía política de un obrero. México: MCCLP, 1990.

16 – *A proposta de Jesus*. Gwangju: Work and Play Press, 1991.

17 – *Comunidade de fé*. Gwangju: Work and Play Press, 1991.

18 – *Militantes do reino*. Gwangju: Work and Play Press, 1991.

19 – *Viver em comunhão de amor*. Gwangju: Work and Play Press, 1991.

20 – *Het waanzinnige geluid van de tuba*. Baarn: Fontein, 1993. • *Allucinante suono di tuba*. Celleno: La Piccola Editrice, 1993. • *La musica nel cuore di un bambino* [romance]. Milão: Sperling & Kupfer, 1998. • *Increíble sonido de tuba*. Espanha: SM, 2010. • *Alucinado son de tuba*. Santa Clara: Sed de Belleza Ediciones, 2017.

21 – *Uala Maitasuna*. Tafalla: Txalaparta, 1993. • *Uala, el amor.* Havana: Editorial Gente Nueva, 2016.

22 – *Día de Angelo*. Tafalla: Txalaparta, 1993.

23 – *La obra del Artista* – Una visión holística del universo. Havana: Caminos, 1998. Nova edição foi lançada em Cuba, em 2010 pela Editorial Nuevo Milênio. Córdoba, Argentina: Barbarroja, 1998. Madri: Trotta, 1999. Havana: Editorial de Ciencias Sociales, 2009.

24 – *Un hombre llamado Jesus* [romance]. Havana: Editorial Caminos, 1998 [nova ed., 2009]. • *Uomo fra gli uomini* [romance]. Milão: Sperling & Kupfer, 1998. • *Quell'uomo chiamato Gesù*. Bolonha: Editrice Missionária Italiana – EMI, 2011.

25 – *Gli dei non hanno salvato l'America* – Le sfide del nuovo pensiero político latino-americano. Milão: Sperling & Kupfer, 2003. • *Gosto de uva*. Milão: Sperling & Kupfer, 2003. • *Sabores y saberes de la vida* – Escritos escogidos. Madri: PPC Editorial, 2004.

26 – *Hotel Brasil*. França: Ed. de l'Aube, 2004. Itália: Cavallo di Ferro, Itália, 2006. • *Hotel Brasil* – The mistery of severed heads. Inglaterra: Bitter Lemon Press, 2014; Havana: Arte y Literatura, 2019.

27 – *El fogoncito*. Cuba: Gente Nueva, 2007.

28 – *El ganhador*. Espanha: SM, 2010.

29 – *La mosca azul* – Reflexión sobre el poder. Austrália: Ocean Press, 2005; Havana: Editorial Ciencias Sociales, 2013.

30 – *Maricota y el mundo de las letras*. Havana: Gente Nueva, 2012.

31 – *El comienzo, la mitad y el fin*. Havana: Gente Nueva, 2014.

32 – *Un sabroso viaje por Brasil* – Limonada y su grupo en cuentos y recetas a bordo del fogoncito. Havana: Editorial Gente Nueva, 2013.

33 – *La niña y el elefante*. Havana: Editorial Gente Nueva, 2015.

34 – *Minas del oro*. Havana: Editorial Arte y Literatura, 2015.

35 – *Paraíso perdido* – Viajes por el mundo socialista. Havana: Editorial de Ciencias Sociales, 2016.

36 – *Lo que la vida me enseño* – El desafio consiste siempre en darle sentido a la existencia. Havana: Editorial Caminos, 2017.

37 – *Fede e politica*. Itália: Rete Radié Resch, 2018.

38 – *El hombre que podia casi todo*. Havana: Editorial Gente Nueva, 2018.

Edições estrangeiras em coautoria

1 – *Comunicación popular y alternativa* [com Regina Festa e outros]. Buenos Aires: Paulinas, 1986.

2 – *Mística y espiritualidade* [com Leonardo Boff]. Buenos Aires: Cedepo, 1995. Itália: Cittadella Editrice, 1995.

3 – *Palabras desde Brasil* [com Paulo Freire e Carlos Rodrigues Brandão]. Havana: Caminos, 1996.

4 – *Hablar de Cuba, hablar del Che* [com Leonardo Boff]. Havana: Caminos, 1999.

5 – *Non c'e progresso senza felicità* [em parceria com Domenico de Masi e José Ernesto Bologna]. Milão: Rizzoli/RCS Libri, 2004.

6 – *Dialogo su pedagogia, ética e partecipazione política* [em parceria com Luigi Ciotti]: Turim: EGA, 2004.

7 – *Ten eternal questions* – Wisdom, insight and reflection for life's journey [em parceria com Nelson Mandela, Bono, Dalai Lama, Gore Vidal, Jack Nicholson e outros] [org. por Zoë Sallis]. Londres: Duncan Baird, 2005. Edição portuguesa pela Platano Editora, Lisboa, 2005.

8 – *50 cartas a Dios* [em parceria com Pedro Casaldaliga, Federico Mayor Zaragoza e outros]. Madri: PPC, 2005.

9 – *The Brazilian short story in the late twentieth century* – A selection from nineteen authors. Canadá: Edwin Mellen, 2009.

10 – *Reflexiones y vivencias en torno a la educación* [VV.AA]. Espanha: SM, 2010.

11 – *El amor fecunda el universo*: ecologia y espiritualidade [com Marcelo Barros]. Madri/Havana: PPC/Ciencias Sociales, 2012.

12 – *Brasilianische kurzgeschichten* [com Lygia Fagundes Telles, Rodolfo Konder, Deonísio da Silva, Marisa Lajolo e outros]. Alemanha: Arara-Verlag, 2013.

13 – *Laudato si' cambio climático y sistema económico* [com François Houtart]. Centro de Publicaciones/Pontifícia Univesrsidad Católica del Ecuador, 2016.

14 – *Hablan dos educadores populares*: Paulo Freire y Frei Betto. Havana: Caminos, 2017 [Colección Educación Popular del Mundo].

15 – *Golpe en Brasil* – Genealogia de una farsa [com Noam Chomsky, Michel Löwy, Adolfo Pérez Esquivel, entre outros]. Argentina: Clacso, jun./2016.

16 – *América Latina en la encrucijada* [com Atilio Borón]. Argentina: Fundación German Abdala, 2018.

17 – *Nuestro amigo Leal* [com vários escritores]. Cuba: Ediciones Boloña, 2018.

18 – *III Seminário Internacional Realidades, paradigmas y desafíos de la integración* [com Ignacio Ramonet, Miguel Ángel Pérez Pirela, Miguel Mejía, Francisco Telémaco Talavera, entre outros]. Ministério para Políticas de Integración Regional de República Dominicana, 2018.

Sobre Frei Betto

1 – *Una biografía*. Havana: José Martí, 2017 [Prólogo de Fidel Castro, Américo Freire e Evanize Sydow].

2 – *Sueño y razón en Frei Betto* – Entrevista al fraile dominico, escritor y teólgo brasileño [Alicia Elizundia Ramírez]. Havana: Pablo de la Torriente, 2018. Equador: Abya-Yala, 2018.

Leia também!

Conecte-se conosco:

- **f** facebook.com/editoravozes
- ⊙ @editoravozes
- 🐦 @editora_vozes
- ▶ youtube.com/editoravozes
- 🟢 +55 24 2233-9033

www.vozes.com.br

Conheça nossas lojas:

www.livrariavozes.com.br

Belo Horizonte – Brasília – Campinas – Cuiabá – Curitiba
Fortaleza – Juiz de Fora – Petrópolis – Recife – São Paulo

  Vozes de Bolso

EDITORA VOZES LTDA.
Rua Frei Luís, 100 – Centro – Cep 25689-900 – Petrópolis, RJ
Tel.: (24) 2233-9000 – E-mail: vendas@vozes.com.br